Urlaub bei Jesus!

*Geh deinen Weg wie ich den meinen,
suche zu dem Weg Mensch zu werden.*

*Unterwegs begegnen wir der Wahrheit,
der Freiheit und uns selbst.*

Du und ich gehen den Weg.

(Aufschrift an einer roman. Kirche)

Werner R.C. Heinecke

Urlaub

bei

Jesus!

Pilgern auf Mallorca

© Werner R.C.Heinecke - 2017

Herstellung und Verlag:
BOD – Books on Demand, Norderstedt

ISBN: 978-3-7347-7762-2

Fotos: © Werner R.C. Heinecke

Der Autor

Werner R.C. Heinecke

Geb. 1947 in Bremen, lebt in Dresden und auf der Baleareninsel Mallorca.
Bisher veröffentlichte er 6 Buchprojekte.
Zuletzt das Buch DIE MALLORCA ENTE!
Ein Lesespaß für Kinder, Junggebliebene und Mallorca-Liebhaber.
Im Hintergrund seiner Erfahrungen und umfangreichen Kenntnisse über Mallorca, teils erlangt auf Reisen, in Urlaubszeiten früherer Jahre, vor allem aber aus mehrjährigem Leben auf der Insel, schrieb er nun nach einer selbst erlebten Pilgerung das aktuelle Buch
URLAUB BEI JESUS! Pilgern auf Mallorca.

Er sieht dieses Buch auch als Anschluss an seine Pilgerung auf dem spanischen Jakobsweg nach Santiago de Compostela, über die er das Buch
BEGEGNUNG! Mein Pilgerweg nach Santiago de Compostela veröffentlichte.

Inhaltsverzeichnis

Der Autor

Warum das Buch?

Wo ist Jesus?

Die Insel der vielen Gesichter

Mein Projekt – 100 000 Schritte Pilgerung

Christl. Begrüßung

Das christliche Mallorca

Unterwegs! Mein Pilgertagebuch

Meine Herbergen

Empfehlung Kloster-Unterkünfte

Empfehlung Wandererunterkünfte

Alternativ Kloster-Route

Und nun?

Quellenangabe

Jakobsweg-Pilgerung von Mallorca

Buchempfehlung

Warum das Buch?

Neben der einzigartigen Natur, den Stränden, Buchten und vielfachen Kultur der Mittelmeerinsel gibt es weitaus mehr zu entdecken, oftmals eine, vielen Touristen leider meist verborgene, Seite: *DAS CHRISTLICHE MALLORCA!*
Viele Klosteranlagen, Kirchen, Einsiedeleien, Heiligtümer, Kreuzwege, Denkmäler, Wallfahrtsorte.
Wohl keine Insel dieser Welt hat mehr an solcher Menge religiöser Sehenswürdigkeiten zu bieten als Mallorca.
Sie hat wohl um die 100!
Da liegt es doch nahe, diesem Kulturschatz ein wenig näher zu kommen und die historischen Stätten zu entdecken.
Pilgern auf den alten Wegen, zu den Wallfahrtsorten, den schönsten Kirchen und Klöstern.
Die besondere Lage in den verschiedenen Regionen und Landstrichen.
Wandern in den schönsten Gegenden, auf den Bergen und malerischen Tälern der Insel. Wege zu den wichtigsten historischen Sehenswürdigkeiten.
Sensationelle Weitblicke von den Hügeln, bewundern der Garten- und Parkanlagen.
Ruhe erleben in den teilweise reichgeschmückten Kapellen.
Halb- und Tagestouren mit der Möglichkeit zu Übernachtungen in den Refugien im Tramuntana, in Wanderherbergen und Klosterhostals.

Es gibt viele Bücher über Mallorca. Auch Wanderführer.
Ich fand kein Werk über die Spezialisierung des christl. Teils

mit allen möglichen Details, Hintergründen, Wegbeschreibungen, Pilgerrouten.

Deswegen habe ich mich dazu entschlossen, diese Lücke zu schließen und mit einem weiteren Buch Ihnen Mallorca näherzubringen. Das Buch ist k e i n Wanderführer.

Meinem Projekt gingen viele Recherchen voraus.

Gerne gebe ich Ihnen Insidertipps und Anregungen aus meiner eigenen Pilgerung im Oktober 2017 mit Besuch von vielen bedeutungsvollen religiösen Stätten.

Meine Bestrebung bestand darin, möglichst viel vom christl. Mallorca kennenzulernen, die wichtigsten Stätten zu begehen und beharrlich, mit Ausdauer und Besinnlichkeit, dort zu verweilen.

Ja, gehen sie Ihren Weg! Ihren Cami del Mallorca!

Formulieren Sie Ihre Pilgerung.

Die Orte. Die Heiligtümer. Ihre Unterkünfte.

Erleben Sie die Faszination durch die Ausstrahlung der Schätze, Gemälde, Kapellen in den historischen nahezu komplett renovierten religiösen Bauwerken und die Schönheit und Ruhe der faszinierenden Landschaften.

Viel Freude beim Lesen und viel Inspiration für Ihren URLAUB BEI JESUS!

<u>Die Füße am Boden- die Augen auf- die Seele baumeln lassen- den Geist auffrischen- den Körper auf Spannkraft- das Herz offen für das, was du liebst - **UNTERWEGS** sein! Schritt für Schritt auf der Insel des Herzens!</u>

Der Autor, im November 2017

Wo ist Jesus?

Hand aufs Herz, lieber Leser,
sicherlich ging es auch Ihnen schon so.
Das Suchen nach der Frage- gibt es Gott?
Und seien wir Menschen ehrlich.
In der Not, bei großem Zweifel, haben wir spätestens dann gebetet: LIEBER GOTT, hilf mir, lass dies oder jenes nicht passieren, beschütze dies oder jenen.

Das ist auch gut so.
Wenn wir wissen, wer Gott ist und wo er ist, dann würde er bestimmt nicht mehr lange leben.
Gerade die Unwissenheit, die fehlende letzte Wahrheit, sichert uns Gott für immer. Die Frage nach der Existenz von etwas Höherem hätte keine Bedeutung mehr.
Das Wunder des Universums wäre enttarnt.
Neue Fragen würden gestellt werden.
Ich denke Gott existiert unverursacht.
Gott ist kein Wort, Gott ist eine Begegnung mit Dir.

Glaube Niemanden, der meint, die Wahrheit gefunden zu haben. Jeder Mensch hat seine eigene Wahrheit und Gültigkeit. So ist der Tod für den Christen ein Nichts.
Solange wir als Menschen da sind und er nicht da ist.
Und wenn er da ist, sind wir Menschen nicht mehr da.

Die Bibel ist das meistgekaufte Buch der Welt.
Leider wohl auch das am wenigsten gelesene.

Viele Menschen lesen in der Bibel und beten, wenn sie ihre Mitte finden wollen. Glaube gibt dem Menschen Halt.
Halt auch im Sinne von Haltung.
So sind christliche Werte eine Orientierung für unser Leben in diesem Kosmos.
Und wo ist Jesus?
Jesus ist Gottes Sohn.
Jeder Mensch ist im Bewusstsein Gottes Sohn.
Jesus spricht zu Dir in Deinem Geist.
Deine Kommunikation mit ihm ist entscheidend dafür, wie Du seine Lehre praktizierst. Im Geist Christi existieren keine Grenzen. Es geht um das Königreich der Liebe in unserem Herzen und in unserem Geist.
Vertraue Dich Jesus an und Du hast seine Freundschaft.

Botschaft:
Gebt die Welt in gute Hände

Die Insel der vielen Gesichter

-Mallorca- das Wunderwerk Gottes!
Europas Ferieninsel Nummer EINS!
Die fast 14 Millionen Urlaubsgäste pro Jahr erwartet eine
typisch mediterrane Lebensart.

300 Sonnenstunden im Jahr.
Eine unglaublich vielseitige Natur und Kultur.

Die Hauptinsel der Balearen ist im Besonderem für
Naturliebhaber sehr attraktiv.
Für Wanderer, Sportler jeder Art, Bergsteiger, Urlauber mit
Badefreuden- Millionen Menschen machen die Insel zu
ihrem Ziel. Einsame Badebuchten, reizvolle Landschaften,

blühende Gärten, lassen sich sehr gut kombinieren. Wilde Schluchten im Tramuntana- Gebirge. 14 Berggipfel über 1000 m. Unzählige Aussichtspunkte, Wachtürme, die typische Landschaftsstruktur mit den Trockenmauern.   Das Meer oft in Sichtweite.

Etliche Wanderrouten des GR 221 und GR 222 über verwegene Schmugglerpfade, abenteuerliche Klippen, leichte bis mittelschwere Wandertouren durch Schluchten auf den Spuren von Kalkbrennern, Köhlern, Schneesammlern und Pilgern.

Viele neu instandgesetzte alte gepflasterte Pilgerwege, alte Reitwege, Forst- und Wirtschaftswege bieten eine ständige Veränderung zu erholsamen Strand- und

Badegelegenheiten. Ein Mallorcabesuch wird bestimmt allen Ansprüchen von Jung und Alt gerecht.

Mallorca: Insel der vielen Strände

Mallorca: Insel der Buchten - *Cala d Egos bei Port Andratx*

Mallorca, 6 Regionen mit 53 Gemeinden:
Die *Serra de Tramuntana* (Weltkulturerbe), die *Llevant*,
die Ebene *Es Pla*, die Regionen *Migjorn* und *Raigue*r.
Dazu die Region *Palma*.

Region Serra de Tramuntana

Region Serra de Llevant

Region Migjorn

Region Es Pla

Region Raiguer

Region Palma

Mein Projekt – 100 000 Schritte Pilgerung

Die Größe der Insel ist schnell definiert.
Rund 90 Kilometer- und das fast auf jeder Seite in "Trapezform" der Insel.

3603 km² ist die Fläche der Größten der Baleareninseln. 6 Regionen wollen begangen werden. Mit 30 Gemeinden eine Vielzahl der 53 Gemeinden. Die Gebirgsregion im Nordwesten, die Serra de Tramuntana. Fast menschenleer und das bedeutendste Wandergebiet. Im Südosten die Berge und Hügel der Serra de Llevant. Dazwischen die eher landwirtschaftlichen Regionen Es Pla, Migjorn und Raiguer. Dann die Hauptstadt Palma, wo rund 50 % der rund 900.000 Einwohner lebt.
Begleiten wird mich mein "Jeep", der Suzuki Vitara.
Ich fahre mit dem Wagen jeweils zu den Herbergen und den Klöstern, wo ich übernachten werde, durch Orte als Verbindung und Stopps bei vielen Kirchen. Für meine Pilgerung sollen überwiegend die historischen Pilgerwege dienen. Ca. 50 christliche Stätten und Sehenswürdigkeiten erreiche ich auf meiner Pilgertour.
Anstregende, teilweise schwer zugängliche Wege zu den Klöstern und Einsiedeleien auf den Berghügeln. Touren, teilweise 3-6 Stunden lang, als Halb- oder Tagestour. Immer dabei- mein Pilgerstab. Der 8 kg Rucksack wird in den Unterkünften "geparkt". Für die Touren gehe ich mit dem leichten 2 kg Tages-Rucksack. Sehr wichtig ist das Material. Und da an erster Stelle steht festes Schuhwerk.

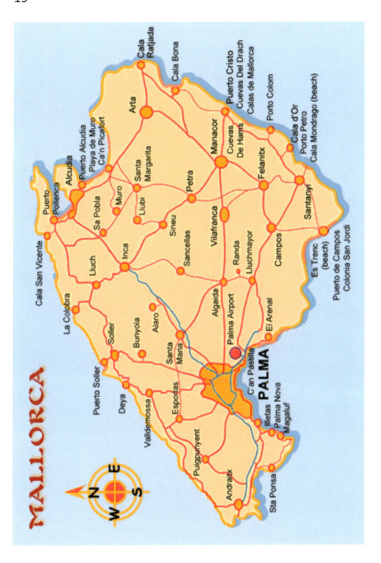

Straßenverbindungen auf Mallorca

Ich empfehle stets aktuelle Vorbereitung auf die Wetterlage.
Gerade in den Bergen kann sich die Wetterlage schnell
ändern. Also geeignete Kopfbedeckung, regenfeste
Kleidung. Jedes Gramm zählt.
Da die Konzentration auf Pilgern besteht, kann getrost auf
feine Kleidung verzichtet werden.
Vielmehr daran denken, genügend Hygienematerial
mitzunehmen, da das in den Herbergen nicht vorhanden ist.
Empfehlung: Sommer/Seidenschlafsack mitnehmen.
Ein Leben ohne Mobiltelefon und moderne Medien und
Onlinedienste.
Als Pilger bewegt man sich nicht einfach durch die
Landschaft – als Pilger bist du unterwegs zu Dir.

WANDERN FÜLLT DEN GEIST – PILGERN FÜLLT DIE SEELE !

Ich habe das bereits erleben dürfen im Jahr 2012 bei meiner
Pilgerung nach Santiago de Compostela.
Santiago ist nicht das Ende des Weges, es ist der Anfang.
Ich möchte die Wege nicht als Wanderung oder Ausflug
bezeichnen. Hinter dem Projekt sehe ich viel mehr:
Zeugnis erhalten und zu verinnerlichen, wie die Menschen in
der damaligen Zeit lebten, die Kirche als Lebensmittelpunkt
sahen im Unterschied zu dem vorchristlichen Zeitalter, als
die Natur der Tempel des Glaubens war.
Chronologisch habe ich das unterwegs gemachte
Bildmaterial in diesem Buch auf 99 Farbseiten eingefügt.
Ein Foto zeigt die Original-Übersicht meiner Tafel mit den
gesteckten Fähnchen und Knopfnadeln meiner Ziele.

8 Pilgerwege (ca. 80 Kilometer)
16 Km *Andatx - La Trapa,* 12 Km *Esporles-Ermita Maristel*,
5 Km *Valldemossa-Ermita de la Trinitat*, 2 Km Valldemossa-Kartause, 12 Km *Monestir de Lluc-Caimari*, 12 Km *Pollenca-Puig de Maria*, 12 Km *Betlem-Ermita de Betlem*, 4 Km *Arta-Sant Salvador,* 5 Km *Sant Salvador Felanitx-Cor de Jesus,*

4 Monumente
Cor de Jesus Esporles, Cor de Jesus Sant Salvador, Christkönig Sant Salvador, Andratx (An Esglesia)

4 Kreuzwege
Sant Salvador Felanitx, *Kavalienberg Pollenca, Arta, Petra*

4 Pfarrkirchen (besichtigt)
Valldemossa, Soller, Pollenca, Arta ,
16 Kirchen *(unterwegs angefahren)*
1 Kathedrale (Palma)

12 Klosteranlagen
Valldemossa, Lluc (mit Gottesdienst) *Pollenca, Arta, Porreres, Felanitx, Mancor, Randa (3) Santany, Palma*

10 Ermitas
Esporles, Valldemossa, Alaro, Inca, Campanet, Montuiri, Petra, Betlem, Alcudia, Escorca

7 Unterkünfte
2 Kloster-Hostals, 4 Refugi, 1 Wander-Herberge

Fahrstrecken 8 Tage (*ca. 270 Kilometer*)

Karten-Legende
Fähnchen: Blau: Kloster   Gelb: Ermita   Rot: Kirche
Weiß: Monumente   Grün: Unterkunft
Knopf: Rot: besichtigte Kirchen Blau: Meine Pilgerwege

Christl. Begrüßung

Geh, seit Deiner Geburt bist Du auf dem Weg.

Geh, eine Begegnung wartet auf Dich.
Wo? Mit wem?
Du weißt es noch nicht. Vielleicht mit Dir selbst.

Geh, Deine Schritte werden deine Worte sein.
Der Weg dein Gesang.
Deine Ermüdung dein Gebet.
Dein Schweigen wird schließlich zu Dir sprechen.

Geh, allein, mit andern, aber tritt heraus aus Dir.
Du, der Dir Rivalen geschaffen hast, wirst Kameraden finden.
Du, der Du Dich von Feinden umgeben siehst, wirst sie zu Freunden machen.

Geh, auch wenn dein Geist es nicht weiß, wohin deine Füße dein Herz führen.

Geh, Du bist für den Weg geboren, den Weg der Pilger.
Ein Anderer kommt Dir entgegen und sucht Dich, damit Du IHN finden kannst.
Im Tempel am Ende des Weges, dem Heiligtum im Innersten deines Herzens,
ist ER – Dein Friede, ist ER – Deine Freude.

Geh, es ist ja der Herr, der mit Dir geht.

(Schriftstück aus der Kirche in Arta)

Für Belinda

- *unser Weg geht weiter!*

Das christliche Mallorca

Vor rund 3500 Jahren v.Chr. soll die Insel von iberischen Einwandern aus Afrika besiedelt worden sein. Typische Turmbauten, auch Taloits genannt, dominieren rund 2000 v. Chr. Dann, 902 n.Chr. beginnt durch die Eroberung der Araber eine 300-jährige maurische Herrschaft, die 1229 durch die Rückeroberung von König Jaume I. endet. Mallorca blüht wirtschaftlich und kulturell neu auf.

Einige Jahrzehnte war Mallorca unabhängiges Königreich, von 1276 bis 1349. Im 14. und 15. Jh. gab es viele blutige Auseinandersetzungen. Eine Pest-Epidemie reduzierte die Bevölkerung stark. Im 16.-18. Jh. kamen im Zuge des florierenden Mittelmeerhandels Piraten auf die Insel. Viele Kirchen sind aus diesem Grund mit Wehrmauern verbunden.

Der christliche Glaube ist seit dem 5. Jh. auf der Insel präsent.
Die Synode von Karthago im Jahr 484 nennt man unter den Teilnehmern den Bischof von Mallorca, Helias.
Es ist der älteste Schriftbeleg für christliches Leben in dieser Diözese.

Die Araber auf Mallorca tolerierten die christl. Gemeinden, die von Bischöfen aus Katalonien regiert werden. Zeitweise lebten drei Religionen gemeinsam auf der Insel.

Insbesondere nach der Rückeroberung der Insel von den Mauren gab es eine starke Verbundenheit zur

katholischen Kirche. So entstanden auf vielen Hügeln und auch im Tramuntana-Gebirge eine Vielzahl von Klöstern. Selbst kleine Städte und Dörfer bauten verhältnismäßig große Kirchen.
Viele Statuen und Monumente stammen noch aus der Römerzeit. Dokumentierte Pilgerwege und Wallfahrten von vor über 800 Jahren. Prächtige Bauwerke im gotischen Stil, aber auch aus der Zeit der Renaissance. Reichgeschmückte Kirchen, viele -Heiligen gewidmete- Kapellen.
Noch heute ziehen Menschen in Scharen zu den Heiligen Messen auf die Klosterhügel und Wallfahrtskirchen. Gefeiert wird mit Gesang und Volkstanz.

1983 bekam Mallorca einen Autonomiestatus, was praktisch die Unabhängigkeit bedeutet- vergleichbar mit einem Bundesland in Deutschland.

Gibt es noch Mönche und Nonnen in der heutigen Zeit?
Es sollen noch Mönche in Arenal in der dortigen Kirche Franciscanos TOR la Porciuncula leben. Und in Palma in einigen Klöstern noch mehrere Nonnen in Klausur.
Vereinzelt gehen Mönche heute noch ihren Arbeiten in den Klosterherbergen nach.
Man trifft sie in den Andenkenverkaufsständen und auch bei den regelmäßigen wöchentlichen Besuchen zur Andacht, zum Beispiel in Cura auf dem Berg Randa.

Ich erhebe nicht den Anspruch auf eine Aufzählung aller auf der Insel befindlichen christlichen Stätten.

Die Vielzahl von Kirchen an den schönsten Placas der Städte und Dörfer mit mittelalterlichem Charakter ergibt sich aus der beeindruckenden Anzahl von 53 Gemeinden auf der Insel.

Überwiegend Klöster und Ermitas auf Berghügeln.
Teilweise mit dem Auto erreichbar, teilweise nur über historische, steinige Pilgerwege.

Sie erhalten mit über 85 sehenswerten Schätzen der christlichen Inselkultur einen Überblick.
Kirchlicher Prunk, gepaart mit kunstvollen Gemälden sowie Glasarbeiten. Altare, Kirchenschiffe, Kapellen.
Huldigung der Schutzpatrone und Heiligen.
Statuen und Fassaden im Stil der Epochen.

Sie schöpfen durch Pilgern Ruhe, Kraft und Besinnung.
Jede, der nachstehend aufgeführten Heiligen Stätten ist ein sehenswertes Unikat.
Es gibt Zeugnis von Baukunst im Mittelalter.
Zeugnis der Kultur aus verschiedenen Epochen und heute noch verbreiteten, tiefen Religiosität auf der Insel.
Ein Zeugnis der tief verwurzelten, insbesondere römisch-katholischen Kirche. Eine Auswahl von über 100 von fast 250 von mir gemachten Fotos sind im Pilger-Tagebuch und unter den Herbergen zu sehen. Die meisten Stätten waren zu besichtigen, viele geöffnete Kapellen. Beeindruckend für die heutige Zeit ist, mit wenigen Ausnahmen (wie Randa u. Lluc), die wenig ausgeprägte kommerzielle Nutzung durch den Tourismus.

So brauchen Sie nicht nach Brasilien zur berühmten Jesus-Statue in Rio reisen.

Ich zeige Ihnen den Weg zum *Cor de Jesus* bei Esporles in der Serra de Tramuntana.
Dort bringt Sie kein Auto hin. Zu Fuß geht es.
Etwas beschwerlich zugegeben, der Anstieg mit fast 300 Höhenmetern auf 500 m, aber unbedingt sehenswert: Die <u>Christusstatue Corazon de Jesus</u> mit atemberaubenden Panoramablick.

Nachfolgend die christlichen Stätten. (Alphabetisch gelistet)

Alaro (Raiguer)

Gartenstadt (4000 Einwohner) im Schutz der terrassierten Hänge der Serra del Norte. Das Castell de Alaro, heute Ruine, war einst eine der drei Königsburgen Mallorcas. Das Ortsbild wird geprägt von Steinmauern und dem 825 m hohen Puig de Alaro. Früher diente der Ort schon den Römern und Arabern als Überwachungspunkt der Täler.
Auf dem höchsten Punkt des Felsens liegt die Ermita. Hier kann man u.a. einfachst gebettet übernachten.

-Ermita Nuestra Senyora del Refugi
13. Jh.

Alcudia (Raiguer)

Der Ort (10000 Einwohner) liegt innerhalb einer fast intakten mittelalterlichen Wehrmauer (nördl. Teil begehbar). Funde belegen, dass bereits Phönizer, Griechen und auch Römer hier siedelten.

-Sant Jaume
gegründet 1248, Teil der Stadtmauer, Stil Gotisch u. Barock

-Oratoria de Santa Anna, aus dem 13. Jh.

-Ermita de la Victoria
Einsiedelei, Wallfahrtsort, 13. Jahrhundert, in 400 m Höhe

Algaida (Pla)

Altes Städtchen (3500 Einwohner) am Rand des Berges von Randa.

-Pfarrkirche San Pedro y Pablo
Gotischer Baustil, 1404, Ausgang der Wallfahrt Romeria de Pancaritat.

Andratx (Tramuntana)

Die Stadt mit 8000 Einwohnern liegt im Westen der Insel an den Ausläufern des Puig de Galatzo in der Serra de Tramuntana.

-Esglesia de Santa Maria
gegründet 1236, Bauweise im festungsartigen Stil

(bestimmte Öffnungszeiten)

-Klosterruine La Trapa
*(*im Tramuntana Nahe Sant Elm*)* früheres Trappistenkloster

Ariany (Pla)

Der kleine Ort besticht mit den noch 7 erhaltenen Windmühlen und den 3 Wegkreuzen

-Dorfkirche Nostra Senyora d Attocha
Neugotischer Baustil, auf Berghügel gelegen, 1570 erbaut

Arta (Llevant)

Stadt mit 7500 Einwohnern im Nordosten der Insel.
8 Berghügel sind bezeichnend für die Region.
Viele Olivenbaumkulturen und Trockenmauern.
Historische Pilgerroute nach Lluc.
Noch 2 weitere Klosteranlagen und

-Wallfahtskiche Santuari de Sant Salvador,
Festungsmauern, auf dem Berghügel

-Pfarrkirche Transfiguacio del Senyor,
gegründet 1240, gotischer Stil, 13 Seitenkapellen

-Ermita de Betlem
(9 Km entfernt) gegründet 1805, Einsiedelei auf dem Berghügel im Llevant,

Binissalem (Raiguer)

Der Ort mit 5000 Einwohnern wurde von den Mauren gegründet. Weinanbaugebiet.

Pfarrkirche La Asuncio
Festungsgleiche Gebäude, gotisches Portal mit Glockenturm

Caimari (Raiguer)

Kleiner Ort, 750 Einwohner, am Rand der Serra de Tramuntana. Beginn der rund 10 Km langen Serpentinenstraße zum Kloster Lluc.

Zwischenstation Pilgerweg von Inca nach Lluc.
Am Ort eine der ältesten Oliven-Mühlen.
Im November am Ort die Olivenmesse Mallorcas.
Schon 2500 Jahre v.Chr. siedelten hier Menschen.

-Esglesia Vella
gebaut 1757, als Gebetsstätte geschlossen
-Pfarrkirche Immaculada Concepcio
Kirchenschiff mit Tonnengewölbe, erbaut 1853

Campanet (Raiguer)

Das kleine Bauern- und Handwerkerdorf liegt auf einem langgezogenen Hügel. In der Nähe die wohl schönsten der zugänglichen Tropfsteinhöhlen Coves de Campanet.

-Pfarrkirche Sant Miquel
monumentaler Turm mit Pyramidendach, 1717

-Ermita de San Miquel
gegründet 1229, gotischer Stil

Campos (Migjorn)

Wohlhabendes altes Städtchen (7000 Einwohner).

-Pfarrkirche Sant Julian
erbaut 1248, gotischer Kern

Castellitx (Pla)

Ziel der Wallfahrt am Osterdienstag von Algaida aus zur 3 Km entfernten Ermita.

-Ermita de la Pau
errichtet 1236

Deia (Tramuntana)

Reizvoll gelegenes Dorf (600 Einwohner) auf teilweise frei stehenden Bergkegeln gebaut. Alle schmalen Gassen führen auf die auf der Spitze thronende Kirche zu.

-Pfarrkirche Sant Joan Bautista
entstand aus mittelalterlichem Wehrturm

Escorca (Tramuntana)

Eingebettet in einen Talkessel der Serra del Norte liegt in 400 m. Höhe das Kloster. Beim größten religiösen Fest im September pilgern/wandern über 20.000 meist junge Menschen aus allen Himmelsrichtungen seit fast 800 Jahren zu dem Ziel der *Marienstatue Mare de Deu de Lluc* um die *moreneta* um Segen und die Fürsprache bei Gott zu bitten. Auf dem meist schweren Weg kommt oft nur die Hälfte an. Bereits am ersten Sonntag im August kommen fast 10.000 Menschen bei der Fußwallfahrt *Marxa des Gueell a Lluc* aus Palma in Lluc an. 48 Kilometer, beginnend nachts am Placa des Guell in Palma über Santa Maria, Binissalem, Selva.

-Santuari de Lluc
wichtigster Wallfahrtsort der Insel, gegruendet 1250, 1962 persönlich vom Papst zur Basilika erhoben, Knaben-Kirchenchor besteht seit 1532, bereits die Römer sollen die Gegend "Heiliger Wald" genannt haben

-Esglesia Sant Llorenc / Ermita de San Lorenzo
Kleine Kirche mit Kapelle des Heiligen Laurentinus aus dem Jahr 1274 am Bergpass

Esporles (Tramuntana)

Kleine Stadt mit 4000 Einwohnern nordwestlich von Palma in einem Tal der Serra de Tramuntana.

-Kirche Sant Pere
neugotisch

-Ermita de Maristelle,
auf Berghügel, 578 m

-Cor de Jesus
Christusstatue Corazon de Jesus, auf Berghügel, 500m

Felanitx (Migjorn)

Lage der 17.000 Einwohner-Stadt am Rand der Serra de Llevant, der großen Ebene mit 4 Hügeln. Ursprünglich von den Mauren gegründet. So erinnert die Bauweise der meist weißen Häuser mit flachen Dachstrukturen an

Nordafrika. Hier soll der Geburtsort von Christoph Columbus sein.

-Sant Miquel von Felanitx
eine der ältesten Kirchen (1248), imposant ist der Zugang über eine breite Freitreppe. Barocke Hauptfassade, Hauptschiff gotischer Baustil

-Santuari de Sant Salvador
Wallfahrtsort, Kloster gegründet 1348, Berghügel 509 m, 4 Km lange Pilgerstraße mit Kreuzwegstationen

-Cor de Jesus
7 m hohes Bronzemonument auf der 1. Bergterasse

-Himmelsleiter
Monument am Santuari de Sant Salvador

Fornalutx (Tramuntana)

Das mehrfach preisgekrönte Dorf (500 Einwohner) ist buchstäblich eine Schönheit. Lage inmitten von Zitronen- und Orangenbäumen.

-Pfarrkirche Navidad de Nostra Senyora
(1680)Sehenswert die Rosenkranzkapelle in Rokoko gestaltet

Galilea (Tramuntana)

Das kleine hübsche Bergdorf (800 Einwohner) liegt in 500 m Höhe am Galatzo-Hang.

-Pfarrkirche Immaculata Concepio
Vorgängerbau seit 1238

Inca (Raiguer)

Mit 25.000 Einwohnern drittgrößte Stadt der Insel. Liegt in der großen Ebene am Rand der Serra del Norte.

-Pfarrkirche Santa Maria la Major

gegründet 1248, Templerorden, Barockstil

-Kloster Sant Bartomeu
gegründet 1534

-Ermita de Santa Magdalena,
340 m hoch auf dem Berghügel

Lloseta (Raiguer)

Eine Oase der Stille. Heimat der Madonna del Coco (11. / 12. Jh.), die im Oratorio de Coco, einer kleinen Kapelle am Ortsrand verehrt wird. Wallfahrtsort. Die Stadt hat 4500 Einwohner.

-Esglesia de la Virgen
Pfarrkirche mit oktogonalem Glockenturm

Llucmajor (Migjorn)

Einer der größten Orte der Region Pla. Es leben rund 10.000 Menschen dort.

-Pfarrkirche Sant Miquel
bereits in Schriften von 1248 erwähnt

Manacor (Llevant)

Mit 37.000 Einwohnern zweitgrößte Stadt Mallorcas.

Gegründet und ausgebaut von den Mauren im 12. Jh. Ort mit mehreren Kirchen und ehem. Dominikanerkloster.Ursprünge gehen zurück bis in die Talayot-Kultur.

-Pfarrkirche Nuestra Senyora des Dolors
Glockenturm mit 80 m höher als die Fassadentürme der Kathedrale in Palma

-Kirche Sant Vicente
(1576) mit sehenswerter Rosenkranzkapelle

-Torre dels Enagistes
Festung des Jesuitenordens 14. Jh., heute Museum

Mancor de la Vall (Raiguer)

Knapp 1.400 Einwohner, aber eigener Gemeindebezirk und Pfarrgemeinde.

-Pfarrkirche Joan Baptista de Mancor

-Monasterio Santa Lucia
4-geschossiges Klosterhauptgebäude mit großem Atrium auf dem Berghügel

Montuiri (Pla)

Gehört zu den ältesten Ortschaften Mallorcas. Rund 3.000 Einwohner. Mühlenviertel und stark erhaltene mittelalterliche Struktur.

-Santuari de la Bona Pau
Heiligtum aus dem Jahr 1395 auf dem Gipfel des Berges Puig de Sant Miguel

-Kirche Sant Bartomeu
imposantes gotisches Bauwerk

Muro (Pla)

Kleine Stadt nahe der Bucht von Alcudia, fast 7.000 Einwohner

-Pfarrkirche Sant Joan
gewaltiges Bauwerk mit freistehendem Kirchturm, 16. Jahrhundert

-Kloster Santa Anna
gegründet 1560, ein Paulanerkloster

Orient (Tramuntana)

Die Region gehört zu den landschaftlich reizvollsten Routen. Der kleine Ort- nur 25 Häuser- liegt am Fuße des L Ofre (1090 m) und Alfabia (1067 m). Ein kleines Gäßchen

führt über Treppen zur höchstgelegenen Kirche Mallorcas.
460 m hoch liegt die kleine Pfarrkirche.

-Pfarrkirche Sant Jordi
Kunsthistorisches Kleinod

Palma (Palma)

Hauptstadt und Versorgungszentrum von Mallorca.
Mit rund 500.000 Einwohnern ungefähr die Hälfte von
Mallorca. Im Jahr 123 v.Chr. von den Römern gegründet.

Viele Kirchen sind sehr sehenswert.

-Kathedrale La Seu
Bischofskirche von Mallorca

Kathedrale der Eucharistie, des Meeres, des Lichtes und des
Raumes. Haupt- und Seitenschiffe, 61 Kirchenfenster,
5 Rosettenfenster, das größte durchmisst 11,15 m. Höchste
Säulen 21,50 m, Bauwerk im gotisch-levantinischer Stil,
historische Dokumente seit 1230

-Monasterio de Sant Bernat de Real
Gotisches Monument von 1229

-Kloster Santa Clara
Denkmal, mittelalterliche Bauweise, 1260, eines von fünf
Nonnenklöstern in Palma, in dem Klarissinnen-Kloster blieb
die päpstl. Klausur erhalten. 2010 noch bewirtschaftet von
15 Ordensschwestern

-Kloster Santa Magdalena
Nonnenkloster der Augustinerinnen, 2010 noch 15 Ordensschwestern, strikte Klausur

-Kloster Purissima Conceptio de Monges Caputxines
Nonnenkloster der Kapuzinerinnen, 2010 noch bewirtschaftet, strikte Klausur

-Esglesia de Sant Miquel
Gotisches Bauwerk von 1320, älteste Kirche Palmas, nach der Rückeroberung auf den Grundmauern einer Moschee gebaut, beachtenswert der barocke Hochaltar

-Grabstelle Ramon Llull
Franziskanerkirche *Esglesia de Sant Francesc*

Petra (Pla)
Kleines Landstädtchen mit rund 2.500 Einwohnern, einst von den Arabern gegründet.

-Pfarrkirche San Pere
große offene Arkaden und riesige Fensterrose

-Ermita de Bonay
Bauwerk aus 1606 auf dem Gipfel des Berges Puig de Bonay

-Wegkreuze

Pollenca (Tramuntana)
Mit 13.000 Einwohnern eine der größeren Städte

auf der Insel. Lage in einem zur Kuste geöffneten, fruchtbaren Tal. Umgeben im Nordwesten vom El Calvario, dem 170 m hohen Kavalienberg. Im Osten vom Ber Nostra Senyora del Puig, 333 m. Es lohnt sich im Centrum zu verweilen, am Kirchplatz.
Die kleinen, engen Gassen verleiten zum Bummeln. Garten- und Parkanlagen, Brunnen, Denkmäler, von typisch mallorquinischen Baumarten umgebene Plätze mit internationalem Publikum.

-Pfarrkirche Santa Maria dels Angels
gegründet vom Templerorden, gotisches Mittelschiff mit links- und rechtseitigen Kapellen

-Eglesia de Calvari
Weg über die Freitreppe mit 365 Stufen auf den Kavalienberg, 1229 in Templerorden-Besitz, später Malteserorden. Ein zweiter Weg entlang von 14 Steinkreuzen, 2,90 m hoch, als ein früherer Kreuzweg

-Ermita de Nostra Senyora del Puig
ehemalige Klosteranlage auf dem Berg Puig de Maria, 330 m, gegründet 14. Jahrhundert, heute als kleine Herberge bewirtschaftet

-Convent de Santo Domingo mit Kirche Nostra Senyoradel Roser
Bauwerk mit Kreuzgang verbunden, 16/17. Jahrhundert

Porreres (Pla)

Die Gegend ist seit der Bronzezeit besiedelt. Kleine Stadt mit rund 5.000 Einwohnern.

-Pfarrkirche Nostra Senyora de la Consolacio
Bauwerk aus dem 17. Jahrhundert

-Santuari Monti de Sion
Oratorium mit Einsiedelei, gegründet 1348, auf einem Berghügel 248 m, Franziskanerorden, Kreuzweg mit gotischen Säulen.

Randa (Pla)

Das kleine Dorf erhebt sich steil über der malloquinischen Tiefebene. Bezeichnend auch der Klosterberg, Puig de Randa, 542 m hoch

-Santuari de Nostra Senyora de Gracia
unterhalb einer Steilwand, von Franziskanern errichtet, frühere Wallfahrtskapelle noch als Apsis erhalten (aktuell wegen Restaurierung nicht zugänglich)

-Ermita de Sant Honorat
Ritter-Einsiedelei, 1394 gegründet

-Santuari de Nostra Senyora de Cura
Kloster und zweitwichtigster Wallfahrtsort Mallorcas, 548 m hoch auf dem Berg Puig de Randa, gegründet 1229, heute von Franziskanerbrüdern als Hotel betrieben

Santa Maria del Cami (Raiguer)

Nur von mächtigen Bergketten überragt- die Pfarrkirche der 4.000 Einwohner-Stadt. Gegend bezeichnend für Weinanbau.

-Pfarrkirche Santa Maria del Cami
(vor 1246) blaugekachelte Turmhaube. Barockes Hauptportal.

-Monastir de Nuestra de la Soledad
Verborgen hinter hohen Mauern verträumter Garten und Kreuzgang im Stil der Renaissance. Einstige Klosterkirche aus dem 17. Jahrhundert

Sant Joan (Pla)

Einstiges Bauerndorf, heute 1.500 Einwohner, enge Gassen, am Rande des Puig de Sant Nofre, auf der Spitze Ermita Ruine aus dem 15. Jh.

-Kirche Sant Joan Baptista
für den kleinen Ort ungewöhnlich großes Bauwerk aus 1293, prachtvolle Ausstattung

Santanyi (Migjorn)

Der Ort ist eine römische Gründung. Das heutige Landstädtchen hat 8.000 Einwohner.

-Pfarrkirche Sant Andres Apostol
(1786) beherbergt eine der kostbarsten Orgeln der Insel, mit

Durchgang zur *Capilla del Rosario* (1248) -nationales Denkmal

-Santuario de la Consolacio
kleines Kloster auf Berghügel

Sa Pobla (Raiguer)

Größere Stadt mit 12.000 Einwohnern.

-Pfarrkirche Sant AntoniAbat
17. Jahrhundert

-Oratorio de Crestatx
Wallfahrtsort mit Kirche

Selva (Raiguer)

Kleiner historischer Ort auf 200 m Höhe mit 1.500 Einwohnern.

-Kirche Sant Llorenc
gotische Fassade, 14. Jahrhundert

Sencelles (Pla)

Stadt mit 3000 Einwohnern in der Inselmitte, größte Gemeinde im Pla. Ein Dorf der Dörfer. Bekannt für Feigenproduktion.

-Pfarrkirche Sant Pere
Baustil Barock, jetziger Baustand aus 1706

Sineu (Pla)

Stadt mit 3.500 Einwohnern in der Inselmitte, Region Es Pla.

-Pfarrkirche Sant Marc
aus dem 14. Jahrhundert

-Convento de las Monjas de la Concepcion
Nonnenkloster der Kozeptionistinnen – bewirtschaftet bis Ende 2016 nach 433 Jahren (1983 noch 20 Ordensschwestern)

Soller (Tramuntana)

Die 10.000 Einwohner-Stadt liegt in einer der reizvollsten Ebenen Mallorcas. Bezeichnend sind Oliven-, Feigen-, Mandel-, und Orangenbäume. Die Araber nannten es Tal des Goldes. Umgeben ist die Region von den höchsten Gipfeln der Insel. Bekannt als Endstation der Schmalspurbahn Roter Blitz

-Pfarrkirche Sant Bartomeu
gebaut 1236, einbezogene Rüstungsmauern auf der Rückseite, einschiffiges Bauwerk mit 7 Seitenkapellen, zwei neugotische Glockentürme, Jugendstilfassade, kulturelles Denkmal

Son Servera (Llevant)
Stadt an der Ostküste mit 11.000 Einwohnern am Rand des Berghügels Puig de Sa Font in der Llevant.

-Kirche Sant Joan Bautista
gegründet 1622, einbezogener Wehrturm

-Esglesia Nova
nicht fertiggestellte Kirche

Valldemossa (Tramuntana)

Der Ort mit 1.500 Einwohnern besticht durch die Vielzahl der Wohnhäuser aus dem 16./17. Jahrhundert. Lage auf 410 m

-Ermita de la Trinitad
noch 2010 von Mönchen bewirtschaftet, kleiner Innenhof, kleine Kapelle, auf einem Hügel direkt am Meer

-Pfarrkirche Sant Bartolomeu
Gotischer Ursprung, Jahr 1245, Mittelschiff, 12 Kapellen

-Kartause von Valldemossa
1399 gegründetes Kloster des Ordens der Kartäuser, sehenswert ist vor allem der Chorraum der Kirche

Die christliche Historie ist stark verbunden mit **Ramon Llull,** *dem Sohn eines katalanischen Ritters. (1232-1316) 1263 änderte eine Vision, in der er den gekreuzigten Jesus neben sich sah, seinen Lebenswandel radikal. Er unternahm Pilgerreisen (Santiago), wurde Gelehrter und Vertrauter von König Jakob II. Seine Dicht- und Schreibkunst stellte er in den Dienst des katholischen Glaubens. Nach seinem Tod wurde ein Heiligsprechungsverfahren begonnen, im 18. Jh. eingestellt und im 20. Jh. wiederaufgenommen.*

Unterwegs! Mein Pilger-Tagebuch

Tag 1

Donnerstag, 19. Oktober 2017

Ziel: La Trapa – Klosterruine

Ziel: Pfarrkirche in Esporles

Unterkunft: Herberge in Esporles

Aus Andratx kommend, fahre ich mit dem komplett für die acht Tage gepackten Rucksack mit dem Vitara an den Platz *Placa des Pou* vor der Kirche *Santa Maria*.

Kirche Santa Maria in Andratx

Hier beginnt meine Pilgertour. Nach kurzem Verweilen fahre ich durch den Ort zur MA 10 Richtung Estellenc. Abzweigung am Kreisel beim Rathaus in Andratx, Km 111. Ich fahre bis zum Kilometer 106. Parke auf dem Parkplatz.
Ein Blick in die Wanderkarte. Es wird eine mehrstündige Pilgerung zum Trapisten-Kloster. Ziel vieler Wanderer auf dem GR 221. Los gehts am Coll de Gremola. 344 m hohes Startgebiet. Der Höhenunterschied wird heute 450 m. Im An- und Abstieg. Ein Höhenweg über verkarstete Küstenberge. Auf Pisten und teils sehr steinigen Pfaden. Aufpassen gleich am Anfang. Es gehen 2 Wirtschaftswege ab. Der Richtige ist der in die Sackgasse. Wenn bald eine abgesperrte Kette erreicht ist, weiß man, dass es der richtige Weg ist. Heute stehen rund 14 Kilometer an. Ein Gebiet mit Blick auf die seitlichen Berge mit rund 500 m Höhe.
Vorbei am Abzweig des GR 221 in Richtung S Arraco. Mein Pfad ist der unterhalb der felsigen Kuppe des Puig de ses Basses und senkt sich weiter ab. Von Weitem zu sehen ist die *Klosterruine La Trapa* im abgelegenen Tal *Val de Sant Joseph*. Ein wunderschöner Blick aufs tief liegende Meer und die Insel *Sa Dragonera* ist die Belohnung. Die Klosterruine gleicht einer großen Baustelle. Ich gehe denselben Weg zurück nach Coll de Sa Gremola. Für meine Konstitution sind 5 Stunden Zeit für den Hin- und Rückweg angemessen. Große Freude, dieses Stück Weg geschafft zu haben. Ich fahre die Straße Ma 10 über *Estellences und Banyabufar* weiter auf Ma 1100 Richtung *Esporles*. Mache Stop an der Kirche *Esglesia de la parroquila d Esporles*. Verweile dort auf der Bank

gegenüber der Kirche, Ursprung 1248. Wenige Meter weiter an der Hauptstraße nach Palma ist meine Unterkunft, die Wanderherberge *Sa Fita-backpackers*.
Alternative, geschildert als Hinweis bei Tag 8. Gegen 19 Uhr bin ich eingecheckt. Baue mein Bettchen und esse (dort nur Selbstversorger) mein Schwarzbrot mit Käse und trinke Wasser dazu. Eine nette, angenehme und interessante Unterhaltung habe ich mit Jörg. Er trug seinen doppelt so schweren Rucksack heute über das Tramuntana.
Wir tauschen unsere kommenden Ziele aus. „Da kannst du ja meinen Rucksack mitnehmen", strahlte er, als ich berichtete mit dem Vitara morgen nach Valldemossa und Deia zu starten. „Na klar". Helfe doch gerne. Wir haben ein gemeinsames Zimmer für die heutige Nacht.

Kirche Esporles

Tag 2

Freitag, 20. Oktober 2017

Ziel: Ermita de Maristella und Cor de Jesus

Ziel: Heiligtümer in Valldemossa

Unterkunft: Herberge in Deia

Nur einige Meter gegenüber der Herberge gehe ich mit meinem Tagesrucksack zum Abgang des Picknickplatzes *Son Trias*. Der Weg auf den Berghügel beginnt dort. Es ist früh gegen 9 Uhr. Der Weg ist langanhaltend steigend und mittelschwer. Anfangs wenig ausgeschildert. Der An- und Abstieg 350 m. Die *Ermita de Maristella* liegt auf einem Berghügel in 578 m Höhe auf dem Weg zum zum Berggipfel des Sa Fita del Ram, 833 m. Durch Zufall- hatte mich wohl etwas verlaufen im unübersichtlichen Gelände- entdecke ich das *Monumento al Cor de Jesus*. Es ist 11 Uhr. Ich bin auf 499 m. Treffe eine Frau, wohl so in meinem Alter, die noch weiter wandern will in das Gebirge. Gut 30 Minuten später bin ich in der *Ermita de Maristel*. Eine sehr gute Freundin- Carola aus Berlin - hat heute Geburtstag. Versuche sie anzurufen. Sende dann eine SMS. Genieße den Blick auf die umliegenden Berge bis zum *Puig Major* (1445 m). Nach einer Mittags-Selbstversorung mit Keksen und Saft, Apfel und Wasser und einem Gebet gehe ich wieder hinunter. Hole aus der Herberge Sa Fita die Rucksäcke von

Jörg und mir und fahre auf der Ma 1100 und Ma 10 Richtung Valldemossa.

Pilgerweg zur Ermita

Christusstatue Corazon de Jesus

Wegweiser zur Ermita

Ermita de Maristella

Teil meiner Planung ist meist früh am Tag den Rucksack zu den Herbergen zu fahren. Einchecken ist zwar erst ab 14 Uhr, aber mir wegen der Sicherheit (Vitara mit Stoffverdeck) wichtig. Deshalb entschloss ich mich, gleich in die Herberge *Can Boi* nach Deia zu fahren, um die Rucksäcke dort abzustellen. Ein kleiner Umweg von vielleicht 10 Kilometern und 30 Minuten- aber sehr beruhigt und mit dem kleinen Tagesrucksack jetzt "beflügelt" unterwegs.

Ausgangspunkt meines am Ende schattigen Spazierweges durch den Steineichenwald, ist der Parkplatz bei Km 69,8 an der Ma 10. Schräg gegenüber beginnt der als Teerweg anfangende Aufstieg zur Ermita.
Die *Ermita de la Trinitat* erreiche ich bereits nach knapp 30 Minuten über einen stets gut begehbaren Wirtschaftsweg, aber ständig ansteigend auf 460 m am Rande des *Veia.*
Die Ermita ist ein Kleinod in dieser Gegend.
Vor gut 250 Jahren gegründet und einst von bis zu 30 Einsiedlern bewohnt. Heute sind es wohl noch 5.
Den Innenhof der Ermita ziert ein alter Schöpfbrunnen.
Es ist jetzt 14.30 Uhr. Setze mich auf eine rustikale Mauer.
Direkter Meerblick, weit und tief hinunter.
Eine wuchtige Palme erinnert daran, wo wir sind.
Auf Mallorca. Ein herrlicher blauer Himmel.
Ich betrete die kleine Kapelle.
Zünde eine Kerze an und mache mein Gebet.
Ich spüre eine sagenhafte Ausgeglichenheit in mir.
Die Begegnung mit der Ermita gibt Kraft und Gelassenheit, Ruhe und innere Harmonie.

Ermita de la Trinitat

Ermita de la Trinitat

Ermita de la Trinitat

Kapelle Ermita de la Trinitat

Mit großer Begeisterung fahre ich einige Kilometer auf der MA 10 nach Valldemossa.
Auch zu dieser Jahreszeit zeigt sich, dass es das meistbesuchteste Dorf auf Mallorca ist. Und ein beliebtes Wandergebiet mit Küsten und Gebirgspanorama.
So begegne ich vielen Menschen mit Rucksäcken.

Ich unternehme den "touristischen" Hauptbummel durch die Fußgängerbereiche, wo schnell die Pfarrkirche *Santa Catarina Tomas* erreicht wird. Etwas mehr Zeit nehme ich mir für die Begehung der *Kartause von Valldemossa.*
Wenn sich auch dieses Dorf sehr touristisch präsentiert, sollte es unbedingt gelingen 1-2 Stunden hier zu verbringen.
Auf der MA 10 fahre ich weiter und gegen 17 Uhr treffe ich bei meiner Rückkehr in der *Herberge Can Boi* in Deia auch Jörg. Gemeinsam fahren wir mit dem Auto den mehrere Kilometer langen Serpentinenweg zur *Cala Deia*. Eine der schönsten Buchten Mallorcas. Ausgedehnte Berichte seines und meines erlebnisreichen Tages folgen, unterbrochen nur von der Stille hier und den Blicken auf das Meer dort. Der Abend endet nach einem gemeinsamen Essen in Deia noch mit einem Bummel durch die tolle Atmosphäre dieses Dorfes im Schein der Lichter in dieser sternklaren Nacht. Wirklich erschöpft ist gegen 21 Uhr Ruhe in unserem, nur von uns beiden in dieser Nacht belegten, Mehrbettzimmer mit Etagenbetten in der Wander- Herberge.
Pilgern ist nach innen gewandt und mit viel Konsumverzicht verbunden.

Cala Deia

Cala Deia

Tag 3

Samstag, 21.Oktober 2017

Ziel: Pfarrkirche in Soller

Unterkunft: Herberge Muleta en Port Soller

Um 10 Uhr heute früh geht es nach einem guten Schlaf und ausgedehntem Herbergsfrühstück los in den neuen Tag. Ich fahre auf der MA 10 nach Soller und dann auf der Ma 1150 Richtung *Es Repic* nahe Port Soller um zur Herberge *Muleta* zu gelangen. Eine abenteuerliche Fahrt an der Steilküste hoch zum weißen Leuchtturm und parke dort den Suzuki Vitara, meinen ständigen Begleiter.

Am Leuchtturm bei Muleta en Port Soller

<u>Port Soller mit den höchsten Gipfeln im Tramuntana</u>

Ich genieße einen atemberaubenden Blick auf den Hafen von Port Soller. Einige Yachten ankern dort. Der Blick geht weiter bis aufs Meer hinaus. Ich bleibe dort eine geraume Zeit und bringe dann meinen Rucksack in die Herberge Muleta. Einchecken kann ich erst ab 14 Uhr. Aber bemerkte gleich bei der Begrüßung eine nette Atmosphäre.
Dann fahre ich mit dem Vitara wieder hinunter Richtung Zentrum von Soller. Kleines Problem, wie wohl an jedem Ort im Zentrum, einen Parkplatz zu finden.
Das löse ich ganz einfach mit dem öffentlichen Parkplatz, wo ich buchstäblich den letzten freien Platz erwische.
Ich schlendere Richtung Marktplatz.
Begeisterung natürlich bei Entdeckung der Bahn *Roter Blitz*, die hier ihre Endstation hat.

Roter Blitz in Soller

Viele Touristen nutzen diese alte Inseltradition und kommen von Port de Soller hier herüber. Andere fahren ganz von Palma aus mit der Bahn. Auf jeden Fall eine große und sehr beliebte Attraktion auf Mallorca. Heute ist in Soller Markttag. Viel Treiben auf dem Marktplatz *Placa Constitucion* mit den Ständen, die zum Stöbern einladen. Um den Marktplatz herum, wie auf Mallorca üblich, die vielen Cafés, Bars, Restaurants. Alle haben so den Blick auf die mächtige Pfarrkirche. Im Portal zurzeit eine mit Planen abgedeckte Baustelle im oberen Kirchenbereich.

Sehr eigentümlicher Baustil der Kirche mit den zwei Außentürmchen. An der Westfassade der Sockelturm mit der Engelsfigur.

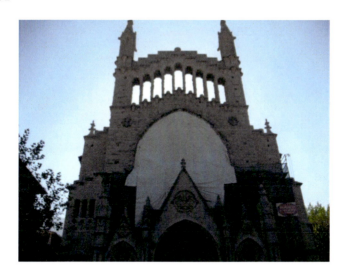

Pfarrkirche in Soller

Mein erster Weg führt natürlich in die große *Pfarrkirche Sant Bartomeu.* Ein sehr großes Bauwerk mit 14 seitlichen Kapellen und dem Kreuzrippengewölbe. An der Kapelle mit dem gekreuzigten Jesus zünde ich eine Kerze an und mache mein Gebet – Vater Unser ...!
Bei dem Rundgang in der Kirche mit Blick auf die vielen Kirchenschätze vergesse ich alle sonstigen Gedanken.
Eine gespenstische Ruhe herrscht dort, trotz der vielen Menschen, die teilweise auf den Bänken Platz genommen haben. Einige Einheimische beten an den unterschiedlichen Kapellen. Ich sehe auch Jugendliche und Kinder, wobei die Eltern und Angehörigen etwas abseits stehen von der Kapelle. Ja, der christl. Glaube hat in Spanien bis heute noch eine sehr große Bedeutung und Stellenwert.

<u>Kapelle Kirche Soller</u>

Die Herz-Jesu Statue in der Herz-Jesu-Kapelle.
Die verzierten Säulen tragen eine Kuppel.

Hauptaltar Kapelle Kirche Soller

Der Altaraufsatz aus der Zeit 1715 stellt die Taufe des Herrn dar. Rechts vom Eingang befindet sich die Taufkapelle.

Die Mittagszeit verbringe ich sitzend auf einem Mauerabsatz mit Blick auf die Pfarrkirche. Regelmäßig kommt der Rote Blitz vorbeigefahren. Ich trinke pilgergerecht mein Wasser, esse mein Obst und meine Kekse. Hinter mir sind Cafés, Restaurants gefüllt mit glücklichen Menschen, die sich über den schönen heutigen Tag freuen.

Gegen 15 Uhr fahre ich an den *Strand von Repic*, Nahe Port de Soller. Parke auf dem öffentlichen Parkplatz und gehe runter zum Meer. Setze mich auf eine Steinmauer des Küstenschutzes. Meine Gedanken sind noch bei den Entdeckungen des Vormittags in Soller. Es sind bleibende Eindrücke, wohlfühlende Erinnerungen. Am Strand ist fast jeder Platz belegt. Auf Mallorca ist es zu dieser Jahreszeit noch sehr warm mit 25 Grad. Das lockt die Touristen an. Dazu die vielen Herbstferien in den Ländern Europas.

Mir fällt auf, dass auch einige Frauen mittleren Alters auf dem Steinsteg Platz nehmen. Sie haben eine Mappe mit Papier und Stift dabei.
Mit einer Frau kommt eine interessante Unterhaltung zustande. „Wir machen hier ein Seminar.
Die Aufgabe ist, aufzuschreiben, was unsere Wünsche im Leben sind."
Das weckt naturgemäß mein Interesse.
„Ich möchte sie nicht abhalten."
„Nein, tun sie nicht, meine Wünsche stehen schon fest!"
Die Seminarleiterin setzt sich dann einige Minuten zu jeder Teilnehmerin. Es kommt die Frage, was ich denn hier mache.

Berichte der Frau aus München von meinem Projekt der Pilgerung. „Wann gibt es das Buch?" Die Münchenerin macht sich Notizen. „Ein Buch ist schon gekauft!" Ich frage, ob sie Kinder oder Enkelkinder hat. Denke dabei an mein letztes Buch DIE MALLORCA ENTE! „Ja mein Enkel ist 9 Jahre alt" sagt sie.
Das passt natürlich. Denke, das Buch wird sie ihrem Enkel schenken.
„Dann können Sie sagen: Ich saß neben dem Autor am Meer in Soller auf Mallorca!"

<u>Herberge Muleta de la Soller</u>

Gegen 18 Uhr treffe ich wieder in der Herberge ein. Durch meine Reservierung ist das Einchecken unkompliziert.

Heute Abend habe ich mir bei der Herbergsmutter ein Menü bestellt. Fisch und Huhn.
Wein und Wasser natürlich dabei.
Aber nach dem Einchecken setze ich mich noch einige Zeit zu den zahlreichen Wanderern, die jetzt langsam auch eintreffen.
Gegen 19 Uhr erlebe ich einen faszinierenden Sonnenuntergang.
Das Schauspiel dauert fast eine halbe Stunde.
Danach ist der Himmel eingehüllt in ein dunkelrotes, faszinierend lang andauerndes Farbenspiel, dem ich über 30 Minuten beiwohne.

Sonnenuntergang am Muleta de la Soller

Den Abend mit dem gemeinsamen Essen in der Herberge verbringe ich mit 5 echten Mallorquinern. Die meisten von ihnen stammen aus Palma. Ich halte sprachlich mit in einem Gemisch aus Englisch und Spanisch. Die Fünf sprechen fast nur Mallorquin miteinander. Sehr herzlich ist die anwesende Gruppe von Kindern die einen 11. Geburtstag sehr ausgelassen feiert. Die Kinder gehen mit einer selbstgebackenen, großen Torte von Tisch zu Tisch. Jeder bekommt ein Stück.
Ja, es sind diese Momente, die meine Unternehmung zu pilgern und in den Berghütten zu übernachten so attraktiv und erlebnisreich machen. Gegen 22 Uhr ist wie immer Ruhe angesagt in der Herberge.

Umgebung Herberge Muleta de la Soller

Tag 4

Sonntag, 22.10.2017

Ziel: Kloster Lluc

Ziel: Pilgerweg nach Caimari

Unterkunft: Herberge Son Amer

Heute bin ich früh unterwegs. Mein Vitara hatte richtig zu tun auf der MA 10 mit zahlreichen Kurven, Durchfahren der Tunnel, etlichen Steigungen der serpentinenähnlichen Fahrstrecke auf rund 800 m Höhe. Vorbei an den höchsten Bergen der Insel verläuft die Straße MA 10. Vorbei an dem Stausee *Embalse de Cuber*, der größte Stausee auf der Insel auf 750 m Höhe mit einem Fassungsvermögen von 4,6 Millionen Liter und dem etwas kleineren *Stausee Gorg Blau*. Garanten für die Wasserversorgung auf der Insel, die immer schwieriger wird. Grund ist die zunehmende Anzahl der Touristen und der damit enorm angestiegene Wasserverbrauch in Hotels und Gartenanlagen. Das Wasser gelangt durch Pipelines nach Lloeseta und von dort aus in das Wasserleitungssystem nach Palma.
Tipp: Von Soller zum Stausee Cuber gibt es einen sehr gut ausgeschilderten Pilgerweg. Höhenanstieg. Belohnung sind die schönsten Ausblicke von den Gipfeln bis nach Soller und Palma. Puig de Ofre 1093 m. Puig de sa Font 1028 m, Puig des Tossals Verds 1118 m.

Zu empfehlen auch als Rundweg ab Stausee Cuber und als Herberge die Berghütte *Tossals Verds*.

Tipp: Ab Stausee Cuber den Weg nach *Massanella* über den alten Wasserkanal *Canaleta de Massanella* aus dem 18. Jahrhundert und wieder zurück. Ein Idyll wie aus dem Bilderbuch mit Panoramblick. Da ich mich jedoch keiner Wanderung hingebe, sondern die religiösen Stätten besuchen möchte, fahre ich nach kurzer Rast am Stausee weiter Richtung Lluc, dem spirituellen Zentrum der Insel und wichtigstem Wallfahrtsort.

Ich traue dem Wetter heute nicht. Regen war angesagt und so kam es auch. So ab 9.30 Uhr bis mittags 14 Uhr ohne Unterbrechung. Gegen 10.30 Uhr fahre ich auf den Parkplatz der *Herberge Son Amer*. Schnell konnte ich meinen Rucksack abgeben. Mit Regenjacke pilgere ich dann den alten Weg als Abstieg zum *Kloster Lluc*. Ich höre schon gegen 11 Uhr das Glockengeläut. Heute ist Sonntag und so konnte ich dem Gottesdienst von 11- 12 Uhr beiwohnen. Die Kirche ist vollbesetzt und ich ergattere gerade noch einen Stehplatz. Die Geistlichen sind grün/weiß gekleidet. Die Gebete der Andacht unterbrochen durch den Gesang des Kirchenchors begleitet von Orgelmusik. Ich nehme Teil am Abendmahl. Die beiden Priester segnen viele Gläubige. Behinderte, auch Rollstuhlfahrer. Junge und ältere Menschen. So bekomme ich noch als einer der letzten die Segnung mit Hostie. Welch ein Moment, das in der Kapelle von Lluc zu erleben. Zu bewundern die *schwarze Madonnenstatue La Moreneta.*

Mare de Deu de Lluc, fast klein und schmächtig wirkt sie, im Kleid in gedeckten Farben. Dunkle Haut, braunes Haar, tief in die Stirn gezogener Strahlenkranz als Krone.
Den Leib mit einem Tuch umgeben. Auf ihrem Arm ein etwa einjähriger Junge. Mutter und Sohn.

Sie ist die Autorität, vor der die Mallorquiner in die Knie gehen. Die berühmte Marienstatue von Lluc zieht die Gläubigen an, öffnet ihre Herzen. Für rund 1 Million Menschen im Jahr: ALLE WEGE FüHREN NACH LLUC – das Kloster ist seit Jahrhunderten das Ziel von Pilgern. Lluc ist ein Ort der Ruhe und des Träumens. Das Gefühl zum Himmel zu gehören. Nach der Legende soll ein maurischer Junge, Sohn von Eltern, die gerade vom Islam zum Katholizismus konvertiert haben, beim Viehhüten in einer Bergsenke die Statue einer Marienfigur gefunden haben. Ein Wallfahrtsort entstand. Dort an der Fundstelle entstand die erste Kapelle- die Heimat für *Mare de Deu de Lluc*. Historiker haben eine andere Wahrheit parat: Die Römer spürten alte Grabhöhlen auf und führten das auf einen besonders spirituellen Ort zurück. Das Wort *lucus* ist die Bezeichnung für einen heiligen Hain.

Die ursprüngliche Kapelle wuchs, erst zur Stiftskirche, dann zur Basilika mit Priesterschule und Herberge.

Heute ist die Madonna als Gemälde am Hauptaltar zu sehen. Die *moreneta* und die Engel zu ihren Füßen kann berührt werden in einer Kapelle hinter dem Hauptaltar.

Pilgerweg nach Kloster Lluc

Weg zum Kloster Lluc

Eingang Kloster Lluc

Eingang Kirche im Kloster Lluc

Denkmal im Kloster Lluc

Gottesdienst in der Kapelle Kloster Lluc

Altar Kapelle Kloster Lluc

Vielleicht, weil heute Sonntag ist, ist Lluc besonders stark besucht. Etliche Busse, Schlangen von Menschen mit einem Ziel: zur *moreneta*. Die Einen gehen in den Kiosk um eine Nachbildung zu erwerben, andere in die Basilika. Die Statue, die wir heute kennen, ist nicht mehr die Ursprüngliche. Ende des 13. Jh./Anfang 14. Jh. entstanden, 61 cm groß, geformt aus mehrfach bemaltem Sandstein, seit 1884 trägt sie eine Krone. Sie ist die Königin von Mallorca.

Bei ihr, in der Kapelle der Madonna, der auf der Insel verehrte Ramon Llull. Philosoph, Theologe, Schriftsteller. 1232-1316 gelebt, auch in den Klöstern. Er gilt als Märtyrer, wird sehr verehrt. Seine Statue steht in der Basilika.

Gegen 14 Uhr gehe ich den Weg zur *Herberge Son Amer* mit vielen Eindrücken aus Lluc zurück und checke dort dann ein. Die Herberge ist vollbesetzt.
Ich baue schnell mein "Bettchen" – das untere Bett der Etagenbetten immer sehr begehrt, hat aber noch geklappt. Die ersten Wanderer, die den GR 221 ab Soller bzw. Herberge Tossal Verds gegangen sind, treffen erschöpft ein. Aber bei allen herrscht gute Stimmung.
Für mich ist heute noch kein Ende.
Ich packe meinen Tagesrucksack und gehe den *700 Jahre alten Pilgerweg v*on Lluc (Höhe 545 m) mit Anstieg auf 613 m hinunter in den kleinen Ort, nach *Caimari* (186 m). Weg der Pilger, die aus Inca nach Kloster Lluc pilgern.

Pilgerweg von Lluc nach Caimari

Pilgerweg von Lluc nach Caimari

Blick auf Klosteranlage Lluc mit Umgebung

Pilgerweg nach Caimari

Pilgerweg am Brexta Vella

Blick ins Tramuntana und Ebene Es Pla

Wegweiser am GR 222 nach Lluc

Pilgerweg nach Caimari

Vorbei an der *Quelle Font des Guix*, rechter Hand die Steilwand *Brexta Vella*, Gebiet des *Torrent de Coma Freda*, Blick auf den *Puig Caragoler*, 913 m.

Viele alte, steinige Wege.
Mein Pilgerstock hilft mir sehr.
Ich bin gut 3 Stunden in diesem Bergmassiv unterwegs.
Am Ende wunderschöne Blicke auf die terassenförmigen Olivenhaine *bei Caimari*.

Terassenberg bei Caimari

 In Caimari, in der *Region Raiguer*, finde ich schnell den Marktplatz mit der Kirche *Immaculada Concepcio*.
Leider ist das Tor verschlossen. So verweile ich noch einige Zeit bis circa 17 Uhr an diesem menschenleeren Platz.
Den Weg zurück traue ich mir nicht zu. Zum einen geht es dann ja fast nur bergauf, von 186 m auf 545 m. und zwischendurch auf 579 und 613 m, und zum anderen passt

es zeitlich nicht, wegen der beim Rückweg aufkommenden Dunkelheit.

Kirche in Caimari

Sollten Sie diesen Pilgerweg machen, so empfehle ich Ihnen die Rückfahrt nach Lluc mit dem Bus L 330 (sonntags 17.10 Uhr) mit der aufregenden Serpentinenstrasse, rund 12 Kilometer lang. Gegen 18 Uhr bin ich wieder in der *Herberge Son Amer*. Setze mich an den Kamin zu den Wanderern.
Es kommt zu einer netten Unterhaltung mit einem Wanderer aus Südtirol. Der verheiratete Mann, Vater von 2 Kindern nimmt eine 14-tägige Auszeit und geht den kompletten Weg durch die *Serra de Tramuntana* von Port de Andratx bis nach Pollenca, also den GR 221. Er hat ein Zelt im Gepäck.

Er flucht ausgiebig über die Tour im Regen und vor allem die Nacht draußen im Freien. Zum Zeltaufbau ist er nicht gekommen, schlief unter einem Felsvorsprung.

In dieser Zeit, wo sich in wenigen Tagen der 500. Jahrestag der Luther- Reformation wiederholt, ist es für mich ein außergewöhnliches Erlebnis, als Pilger unterwegs zu sein. Die Konfession spielt keine Rolle.
Ich bin nicht katholischen Glaubens.
Bin im St. Petri Dom zu Bremen getauft, konfirmiert und hatte dort auch meine kirchliche Trauung bei meiner Hochzeit. Der Glaube an Gott ist geprägt von Wohlbefinden.

Wohlbefinden ist die eigene Umarmung. Sorgen für die eigene Balance in unserer hektischen und unbeständigen Zeit. Auszeit nehmen von materiellen Dingen, mehr Zeit für ruhige Atmosphäre und Dankbarkeit.

Pilgern ist ein Gefühl von Sicherheit und Abgeschiedenheit. Es erlaubt „herunterzufahren".
Neue Kraft tanken für Kreativität, neue Inspiration, Stärke, Elan und positive Energie.
Pilgern bringt tief bewegte Gedanken an die Menschen, die wir lieben. Pilgern bringt „Langsamkeit". Take it slow- der neue Trend in unserer hektischen Zeit.
„Gut Ding will Weile haben".
Pilgern bedeutet respektvoller Umgang mit der alten Zeit.

Pilgern ermöglicht emotionale und nachhaltige Eindrücke.

Heute ist praktisch „Halbzeit" meiner Pilgerung. Ich bleibe noch einige Stunden am Kamin, lese in dort ausliegenden Wanderführern. Informiere mich über die vor mir liegenden Wege. Jetzt kommen die Wege zu vielen Ermitas und Pfarrkirchen. Ich fahre weitere Klosteranlagen an.
Mit der Kraft aus dem wichtigsten christlichen Zentrum, dem Heiligen Wald, aus Lluc bin ich jetzt voller Interesse für die anderen christlichen Stätten der Insel. Von Vorteil ist bei dieser Vielzahl, dass alle Orte sehr dicht bei einander liegen. Oftmals nur Entfernungen von wenigen Kilometern. Mit dem Fahrzeug schnell zu erreichen. Vorteil: Viel Zeit zum Verweilen an den vielen religiösen Stätten.
Es wird noch viel zu sehen geben und auch weitere, teils schwierige, anstregende Bergtouren in der *Serra de Llevant.*

Meine Pilgerfüße auf heiligem Boden

5. Tag

Montag, 23.10.2017

Ziel: Klosterberg Puig de Maria, Pollenca

Ziel: Kavalienberg Pollenca, div. Pfarrkirchen, Wegekreuze

Unterkunft: Herberge Pont Roma

Bereits früh gegen 9 Uhr fahre ich in die im Norden der Insel liegende Stadt. An der MA 10 ist kurz vor dem Ortseingang von Pollenca der Hinweis zur Herberge.
Die Herberge *Pont Roma* ist auch der Begriff für die alte historische Römer-Brücke unweit der Herberge. Hier bin ich gegen 10 Uhr, gebe in der Herberge meinen Rucksack ab.

Klosterberg Puig de Maria

Früh am Tag mache ich mich auf den Weg durch viele kleine Gassen Richtung Zentrum. Am Marktplatz sehe ich schon den Treppenweg auf den *Kavalienberg*, den oben eine kleine Kapelle *Eglesia del Calvari* ziert. Doch vorher pilgere ich auf den *Klosterberg Puig de Maria*.

Von Weitem ist das Kloster *Ermita de Nostra Senyora del Puig*, ganz oben auf dem Berg, zu sehen. Der Weg dorthin beginnt nach Durchquerung von Pollenca, vom Zentrum weiter an den Ortsrand. Vorbei an der *Pfarrkirche Santa Maria dels Angels*, und der Kirche *Nostra Senyora del Roser* mit dem kleinen parkählichen Garten, der bereits zum Verweilen einlädt.

Kirche in Pollenca

Auffällig ist, dass zu jeder Stunde die Glockenuhr schlägt.
Um 11 Uhr ein längeres Geläut der Pfarrkirche.
Es ist ein herrlicher Morgen mit viel Sonnenschein.
Auf dem Weg mit ständiger Steigung lasse ich schnell die letzten Häuser und Villen hinter mir. Ein herrlicher Blick auf den ganzen Ort bereits nach gut einer halben Stunde.
Um 13 Uhr bin ich oben am Kloster.
Ein ehrwürdiger alter Gebäudetrakt, zu dem das letzte Stück im Anstieg doch noch beschwerlich wurde.
Höhe insgesamt 325 m. Das auf der Bergspitze gebaute Kloster aus dem 14. Jh. war eines der bedeutendsten Nonnenklöster der Insel.

Blick auf Pollenca vom Puig de Maria

Auf dem Weg zum Puig de Maria

Klosteranlage Puig de Maria

Klosteranlage Puig de Maria

Da ich heute morgen das Frühstück habe ausfallen lassen spüre ich einen andauernden Mittagshunger. Pilgergerecht nehme ich mein Obst mit Keksen und Mineralwasser und Saft zu mir. Bleibe noch gut eine halbe Stunde in der Klosteranlage, der Kapelle, und genieße die Ruhe und den Blick ins Tal auf den Ort.

In Erwartung der nächsten Pilger-Höhepunkte trete ich den Rückweg nach Pollenca an. Gegen 15 Uhr sitze ich auf dem großen Marktplatz. Inzwischen ist es hier sehr belebt durch die Touristen, die einen Ausflug in den historischen Ort machen. Ich besichtige noch die große Pfarrkirche mit sehr vielen kirchlichen Schätzen.
Dann gehe ich den Weg zum *Kavalienberg.*

<u>Treppenweg zum Kavalienberg</u>
Es sollen genau 365 Stufen sein. Vorbei an sehr gediegenen Wohnhäusern links und rechts vom Weg. Kinder laufen die

Stufen zählend, lauthals an mir vorbei.
Passanten sitzen auf den Treppenstufen.
Oben angekommen ist ein größerer Platz, der auch als Parkplatz dient.
Die kleine Kapelle ist geöffnet.

Kleine Kirche auf dem Kavalienberg

Ich mache eine kleine mehrminütige Andacht in der sehr ruhigen Kapelle.
Ein Moment, der wieder tief in mein Bewusstsein dringt.
Es sind immer mehr ankommende Menschen, die sich vom Blick auf den gegenüberliegenden Klosterberg und auf das Zentrum von Pollenca verzaubern lassen. Da der Kavalienberg auch mit dem Fahrzeug erreichbar ist, sind viele Touristen unterwegs und parken auf dem großen Parkplatz vor der Kirche.

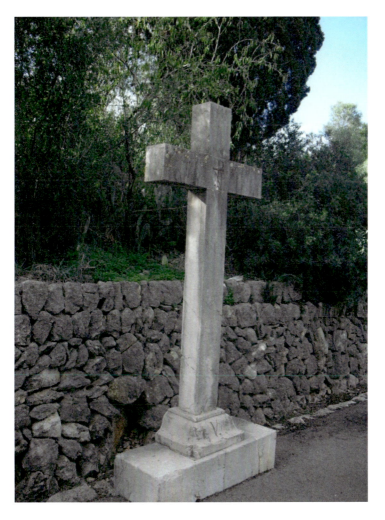

<u>1 von 14 Wegkreuzen am Kavalienberg-Pilgerweg</u>

Ein Kavalienberg ist der Kreuzigung Jesus gewidmet.
Der befahrbare Weg in Pollenca hinunter ist gesäumt von

14 Wegkreuzen, edes 2,90 m hoch.
Unten angekommen ist es nur ein kleines Wegstück zur Herberge.
Ich checke gegen 16.30 Uhr ein.

Gegen 17 Uhr bummele ich ein 2. Mal in das Zentrum von Pollenca.
Schaue mir noch eine weitere Kirche an.

Kirche in Pollenca

Bleibe noch am Marktplatz auf einer alten Holzbank sitzen und suche mir dann ein Restaurant für das Abendessen. Finde in dem Lokal ein sehr günstiges Plätzchen mit Blick durch das offenstehende Fenster auf das rege Treiben im Zentrum. Viele Leute sorgen jetzt dafür, dass fast alle Plätze, vor allem auch draußen, belegt sind. Langsam kommt die Dunkelheit. Nach Verlassen des Speiselokals bummle ich noch durch sanft beleuchtete Gassen. Kehre noch in ein weiteres Lokal ein und genehmige mir einen guten spanischen Rotwein. In dem Lokal, etwas abseits des Zentrums, nur Mallorquiner. Hier gehts typisch lebhaft zu. Ich lasse gedankenverträumt den Tag noch einmal passieren.

Gegen 21 Uhr bin ich in der *Herberge Pont Roma* und verbringe den Abend mit drei Männern aus dem Raum Münster/Westfalen. Eine ausgiebige Unterhaltung mit den Wanderern, die leider nur noch einen Tag haben und dann zurückfliegen nach Deutschland. Kaum glauben wollten die drei mir, dass ich jeweils in den Herbergen in den Vortagen war wie sie. Der Ansatz meiner geschilderten Pilgerung weckte Interesse. „Wann gibt es dein Buch URLAUB BEI JESUS zu kaufen?"

Am späten Abend kamen noch zwei Wanderinnen in Begleitung mit an den Tisch. Es war ein lustiger Abend, noch 2 Flaschen Wein und gegen 23 Uhr war Zapfenstreich.
Da war die Herbergsleiterin eisenhart. Mit den Münsteranern hatte ich das gleiche Zimmer. Als wir alle im Zimmer waren, war dann schlagartig Ruhe.

6. Tag

Dienstag, 24.Oktober 2017

Ziel: Ermita bei Alcudia

Ziel: Ermita de Betlem

Ziel: Kirche und Kirchenberg Arta, und weiteren Orten

Ziel: Kloster bei Santany

Ziel: Kloster bei Felanitx (mit Herberge)

Heute ist Kirchen- und Klostertag. Viele Orte und am Ende in klösterlicher Obhut geschlafen. Früh gegen 9.00 Uhr geht es los auf der Ma 2202 und Richtung Alcudia. Sehenswert die alten Festungsmauern mit der angeschlossenen Kirche. Wuchtig wie eine Festung steht die einschiffige, tonnengewölbte *Kirche Sant Jaume*. Sie wurde im 14. Jh. für die Marienfigur gebaut. Sehenswert auch die kleine *Kirche Otario Santa Anna*. Von Alcudia nach *Bonaire* etwa 6 Kilometer durch eine wunderschöne Gegend in Richtung Nordosten zur *Ermita de la Victoria*. Die *Ermita de la Victoria* aus dem 13. Jh. ist Wallfahrtsort im Juli jeden Jahres. Ich fahre dannach über MA 12 und MA 3433 nach *Sa Pobla*. Die dortige *Pfarrkirche Sant Antoni Abat* ist leider verschlossen, so muss ich weiterfahren auf der MA 3430 nach *Muro*, das überragt wird von der mächtigen *Pfarrkirche Sant Joan Baptista* (um 1229) und weiter auf der MA 3430 zum *Dorf Santa Margalida* mit dem schönen Barockportal der E*sglesia Parroquial* (1232). Sehr reiche Innenausstattung in der einschiffigen Pfarrkirche mit Seitenkapellen.

Über die MA 3340 nach Ariany und weiter nach *Petra*. Von Petra fahre ich eine etwas längere Strecke auf der MA 3330, der MA 12 und MA 3331 an den Küstenort *Betlem*. Dort parke ich etwas vor dem Ort das Fahrzeug an der MA 3331 kurz vor dem Ortseingang von *Betlem* und mache mich auf einen mittelschweren Pilgerweg zu einer *Einsiedelei, der Ermita de Betlem* in der *Serra de Llevant*. Höhe des Geländes etwa 290 m. Gut 2,5 Std. sehr steiniger, unebener Weg in einem sehr zerklüfteten Bergmassiv. Ein unvergessliches Treffen mit einem Mann, der seine blinde Frau auf dem Weg führt. Dahinter eine Frau, die ihren blinden Mann begleitet. Aber nur ein kurzes Stück auf dem Weg.

Pilgerweg zur Ermita de Betlem

Pilgerweg in der Serra Llevant zur Ermita

Ermita de Betlem

<u>Zugang zur Ermita de Betlem</u>

Beidseitig von Zypressen gesäumter Eingangsweg, der gleich in die Kapelle führt.

Kapelle Ermita de Betlem

Kapelle Ermita de Betlem

Ich genieße den wundervollen Blick auf *Cap Fernutx*.
Weite Sicht auch in die *Bucht von Alcudia.*
Naturgemäß geht es abwärts schneller, so die halbe Zeit.
Unterwegs treffe ich auf viele Schulklassen, die ebenfalls die
Ermita als Ziel hatten. Bestimmt um die Hundert Kinder
verzaubern den Berg in ein buntes Farbenmeer. Ich lasse die
Gruppen vorbei und habe so etwas Zeit für eine Rast.

So bin ich gegen 14 Uhr wieder am Ausgangspunkt.
Etwas Sorgen hatte ich schon wegen meines Rucksackes im
Vitara. Aber Alles war an seinem Platz. Ich verstau meinen
Tagesrucksack, den Pilgerstab und fahre dann weiter,
praktisch um den Berg herum auf der MA 12 in den Ort *Arta*.

Blick in die Bucht und auf Cap Fernutx

Der Ort mit der *Pfarrkirche Transfiguracio del Senyor* auf einer Anhöhe und dem *Kirchenberg mit der Wallfahrtskirche Sant Salvador.*
Die mittelalterliche Stadt mit dem Burgberg über dem fruchtbaren Tal ist sehr sehenswert.
Enge Gassen führen zu dem Marktplatz.
Eine zauberhafte Fußgängerzone mit netten Geschäften und Cafés sind sehr einladend.
Ich verbringe einige Zeit in der großen Kirche mit den vielen Seitenkapellen.
Der Weg zum Burghügel ist ein zypressengesäumter Kreuzweg, den Prämonstratenser zu einem Wallfahrtsort gemacht haben.

Kirchenberg Sant Salvador

Eine sportliche Herausforderung ist der Spaziergang auf dem Pfad vorbei an den Bäumen, 180 Stufen. Fantastische Kunstwerke in der Kirche und ein sagenhafter Ausblick vom Hof des Heiligtums auf den wuchtigen *Torre de Canyamel*.

Pfarrkirche in Arta

Die Kirche beherrscht das Zentrum der Stadt mit den vielen religiösen Heiligtümern.

In der Wallfahrtskirche *Sant Salvador* ist der Hochaltar mit der Madonna mit Kind sowie zwei Darstellungen zur Geschichte Mallorcas sehenswert.

Kapelle Pfarrkirche Arta

Ich sehe mir die vielen Kapellen an. Sehenswert die Bleiverglasungen. Das Kirchenschiff mit den Gewölben und der Rosette.

Etwa 3 Km südwestlich von Arta befindet sich die
Klosteranlage Santa Maria del Bellpuig
Ein Prämonstratenserkloster. 13. Jh.
Am Ortsrand von Arta in der Nähe Ma 15 die Talayotsiedlung mit dem barocken Franziskanerkloster *Sant Antonio de Padua*.

Kirchenschiff Pfarrkirche Arta

Ich fahre von Arta auf der MA 15, 14 und 19 weiter am Nachmittag in die Nähe von *Campos* und *Santany*.

Die mächtige *Kirche Sant Julian* in Campos in der Region *Migjorn* fällt schon von Weitem auf durch das enorm große Bauwerk in hellem Gestein, umgeben von den ebenfalls hellen, meist weißen Häusern.
Die Pfarrkirche stammt aus dem Jahr 1248.
Sie gilt als eine der Ältesten Mallorcas.
Der gotische Kern ist komplett erhalten.

Nach Weiterfahrt auf der MA 19 nach Norden in Richtung *S Alqueria Blanca* geht es nach 3 Km zur *Santuari de la Consolacio*. Die Mallorquiner kommen auch heute noch

in einer nachösterlichen Wallfahrt hierher.
Die Kirche mit dem Glockenturm ist von Weitem sichtbar und ermöglicht einen Blick über weite Teile des Südostens bis nach Cabrera.

Das Endziel des heutigen Tages, *Felanitx,* erreiche ich auf der MA 14. *Felanitx* ist die Geburtsstadt von *Christoph Columbus*. Der nahe Hafen in Portocolom gilt als Indiz dafür. Die malerische Lage des Ortes am Rande der *Serra de Llevant* erinnert durch den Baustil der Häuser an Nordafrika. Bezeichnend für *Felanitx* auch die 25, teilweise verfallenen Windmühlen, sämtlichst ohne Windflügel.

Sant Miquel in *Felanitx* ist eine der ältesten Kirchen (1248).
Sie wird erreicht über eine breite Freitreppe.
Sehenswert der Türbogen und die große Rosette sowie der Fassadenabschluss und die Seitentürmchen.

Die Anfahrt zum Klosterberg *Sant Salvador* ist außerhalb von Felanitx auf der MA 4010 (Namensgleichheit mit Sant Salvador in Arta). Gegen 18 Uhr bin ich dann über die 4 Km lange Serpentinenstrasse MA 4011 mit vielen Kreuzwegstationen am Endziel des Tages.
Der Berghügel mit dem Kloster *Santuari Sant Salvador.* Von Weitem schon sichtbar das Kloster ganz oben auf dem Berghügel.
Links davon zu sehen das Monument *Cor de Jesus.*
Es ist ein absoluter Höhepunkt des heutigen Tages.

Klosterberg Puig de Salvador bei Felanitx

Mein Vitara parke ich auf dem großen Parkplatz vor der Klosteranlage. Verschaffe mir in dem großflächigen Terrain erstmal einen Überblick. Suche das Klosterhostal auf, wo ich meine heutige Unterkunft habe. Zuerst betrete ich die große Kapelle. Beidseitig mit breiten Bankreihen. Mache mein Gebet und zünde eine Kerze an.

Dann begehe die diversen Denkmäler.
Die *„Himmelsleiter".* Eine große Baukunst in der Zeit des 14. Jh. auf der Ebene des Klosters. Das Steinkreuz *Cor de Jesus* ist ereichbar über einen ausgeschilderten Abgang. Mein heutiges Nachtquartier ist in dem Klosterhostal.
Ich beziehe ein sehr einfaches Zimmer, aber daür mit einem

fantastischen Meerblick. Den Abend verbringe ich in dem Klosterrestaurant. Sehr gediegenes Kellergewölbe mit klösterlicher Atmosphäre. Vor dem Essen mache ich meine Notizen und trinke dazu einen leckeren trockenen Rotwein. Ich schlafe dann gegen 22 Uhr und freue mich auf den morgigen Tag.

<u>Cor de Jesus, Puig de Salavdor</u>
Meine Unterkunft liegt in einem ausgebauten Teil des Klosters. Modern hergerichtetes Zimmer, ehemalige Klosterzelle.

Kloster Sant Salvador

Kapelle Kloster Sant Salavdor

<u>Christkönig-Monument am Kloster Sant Salavador</u>

Direkt zu erreichen bei Anfahrt zum Kloster. Gewaltiges Sandsteinmonument mit langem Treppenaufgang.

7. Tag

Mittwoch, 25.10.2017

Ziel: Kloster bei Porreres

Ziel: Kloster bei Petra

Ziel: Kirchen in den Orten Petra, Sant Joan, Monturi

Ziel: Klosterberg Randa (mit Herberge)

Nach dem Hotelfrühstück bin ich gegen 10 Uhr wieder unterwegs zum Klostertag mit insgesamt 5 Klosteranlagen. Orte und Dörfer, wo ich an Plätzen im Zentrum parke und an mehreren mittelalterlichen Kirchen verweile. Gegen 11 Uhr erreiche ich über die MA 5100 den Ort Porreres, die MA 5540 führt zum Kloster *Santuari Monti de Sion*.

Treppenaufgang zum Kloster Mont de Sion

Nach der mehrstufigen Treppenanlage gehe ich über den großen Innenhof durch die Nebentür in die Kapelle.
Sie macht gegenüber den vielen prunkhaften Kapellen einen dunklen, kargen Eindruck.

Innenhof Santuari de Monti de Sion

Ich fahre weiter durch die Orte *Sant Joan* und *Monturi*, dann nehme ich den gut ausgeschilderten Weg nach Petra.
Am südl. Ortsrand beginnt die asphaltierte 4 Km lange Anfahrtsstrasse. Gegen 12 Uhr bin ich in *der Ermita de Bonany*. Hier finde ich eine große, gut erhaltene Klosteranlage vor. Da das Kloster gut mit dem Fahrzeug zu erreichen ist, sind hier auch einige Touristen unterwegs.
Es ist ein sehr warmer Oktobertag.
Sonnig, blauer Himmel.
Ich mache dort meine Mittagspause.

Eingangsbereich Ermita de Bonany

Beeindruckend der beidseitig gesäumte Weg als Zypressenallee.

Ermita de Bonany

Eingang zur Ermita de Bonany

Ein ehrwürdiger Brunnen, aus dem ich mir mit einer langen herablassenden Kette einen Topf mit Wasser hole. Von dem Innenhof sehr schöner Blick auf die Ebene Es Pla.

Zisterne und Brunnen im Innenhof Ermita de Bonany

Die Ermita liegt in der Nähe des Ortes *Villafranca de Bonany* am Hügel *Puig de Bonany.* Die Kapelle ist auf dem Gipfel in 317 m Höhe. Ein Wallfahrtsort mit der Holzstatue der Jungfrau Maria *Mare de Deu de Bonany.*
Die Statue soll von den Christen vor den Arabern versteckt worden sein. Der Ort ist bei Malloquinern sehr beliebt. Die Gründung führt auf die erhörten Gebete zurück: nach Jahren der Dürre endlich wieder Regen. Als Dank wurde die Kapelle gebaut.

Klosterkapelle Ermita de Bonany

Klosterkirche Ermita de Bonany

Ich fahre den Berghügel hinab, vorbei an mehreren *Wegekreuzen,* die teilweise auch mit Mosaikbildern versehen sind.

Wegekreuz am Klosterberg

Fahre auf der MA 5101 und MA 3222 über Villafranca nach Petra zurück. Geburtsort von *Junipero Serra*, 1713 – *dem Heiligen Mallorquiner*, von Papst Franziskus 2015 in Washington heiliggesprochen. U.a. ist er Gründer der Städte San Francisco, San Diego und San Antonio. Sein Denkmal befindet sich auf dem Marktplatz.

Ein lohnender Blick auf die große *Pfarrkirche San Pere* in Petra. Bezeichnend die großen, offenen Arkaden und eine riesige Festerrose.
Leider sind die Kirchen in den kleinen Orten verschlossen. Bei in der Nähe wohnenenden Priestern kann man zum Öffnen an der Wohnungstür klingeln.
Oft ist unterwegs an den Straßen die Ausschilderung nach *Manacor* zu sehen.
Trotz des Großstadtcharakters, aber wegen der historischen Gebäude aus der Maurenzeit sehenswert.
Ebenso der Abstecher nach *Sant Llorenc* und *Son Servera*.

Kirche in Petra

Für den kleinen Ort ungewöhnlich großes Bauwerk mit den Arkaden.

Kirche in Sant Joan

Kirche in Montuiri

Kirche in Montuiri

Von *Petra* fahre ich über die MA 3220 nach *Sant Joan* und *Montuir*i und nehme die kleine Dorfstraße MA 5017 nach *Randa*. Schnell erreiche ich auf der Ma 5018 den *Klosterberg Randa,* bestehend aus 3 einzelnen Berghügeln.
Hier oben gibt es 3 Klosteranlagen.
Ein Kloster nicht weit am Berg, ein Kloster ungefähr in der Mitte und ein Kloster ganz oben auf dem Bergplateau. Alles zu Fuß zu erreichen über ausgeschilderte Wege oder auch über die fast 6 Kilometer lange Serpentinenstraße.
Das erste Kloster *Orotario de Nuestra Senyora de Gracia* wird zur Zeit gerade restauriert und ist nicht zugänglich.
Es soll die am besten und reichhaltigste ausgestattete Kapelle haben. Unterhalb einer herabhängenden Gebirgsfelswand.

Kloster Nuestra Senyora de Gracia in Randa

Das Kloster war leider nicht zugänglich wegen Restaurierung.

Ich fahre weiter zum nächsten Kloster.
Kloster Sant Honorat ist das mittlere Kloster, ca. 1 Km weiter auf dem Hügelberg.
Die einschiffige Kirche ist aus dem 14. Jh.
Von der Terasse hat man einen wundervollen Panoramablick bis nach *Palma* und zur *Insel Cabrera*.
Die drei Chornischen beherbergen Statuen.
Dazu in der 3. Kapelle ein sehenswertes Holzkruzifix aus dem 14. Jh. Der gesamte Serpentinenweg endet auf dem Gipfeltableau in 542 m Höhe. Gut auch über einen schmalen steinigen Pilgerweg zu erreichen. Ziel zahlreicher Wanderer und Wallfahrer.

Eingang Kloster Sant Honorat

Mosaik am Eingang Kloster Sant Honorat
Gegründet von "Missioneros de los Sagrados Coracones".

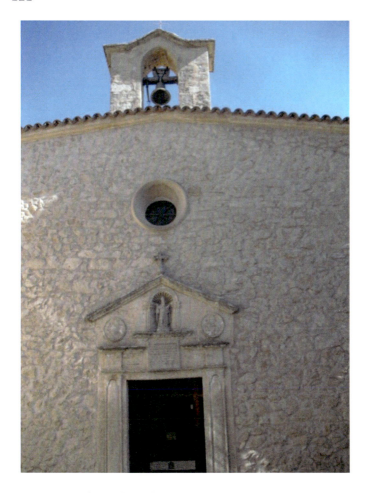

Eingang zur Klosterkapelle Sant Honorat

Ich gehe durch die Holztür in die Kapelle. Sehr ehrwürdiger Raum, hell, der durch viele Farben seine Ausstrahlung bekommt.

Kapelle Sant Honorat

Leider habe ich hier keinen Bewohner antreffen können.
Ich fahre dannach weiter zum nächsten Kloster auf dem *Puig de Randa*.
Die zweitwichtigste Wallfahrtstätte nach Lluc ist das *Kloster Nuestra Senyora de Cura*. 1275 als Franziskanerermitei gegründet. Die Klosteranlage liegt ganz oben auf dem Bergtableau und ist nach einigen Kilometern Serpentinenstrasse zu erreichen. Hier lebte *Ramon Llull* neun Jahre und hat die Zeit mit Meditation und Schreiben verbracht. Er gründete hier auch eine Schule für angehende Missionare. So war er, der viel das Alleinsein gesucht hat, ein Wegbereiter der Ermitenbewegung auf Mallorca.

Eingang Klosteranlage Nuestra Senyora de Cura in Randa

Klosteranlage Cura in Randa

Ich gehe in die ehrwürdige Klosteranlage. Betrete als erstes die Kapelle. Ein heller, mit vielen Bankreihen bestückter Raum. Gediegene Ruhe herrscht hier.

Kapelle im Kloster Cura

Ich gehe weiter durch die Gartenanlagen.
Wie bisher in allen Klostern auch hier in einem Teil des Innenhofes der hervorstechende Brunnen, Teil einer Zisterne. Der große Parkplatz ist ein Zeichen für regen Touristenverkehr in den Sommermonaten.
Gegen 18 Uhr begebe ich mich zum Einchecken in die Klosterherberge. Die alten Mönchszimmer sind jetzt Hotelräume. Sehr angenehm das gesamte Flair, auch der Restaurantbereich. Hier wurde ich überrascht von einer wirklich guten Küche.

Denkmal Franz von Assisi im Garten Kloster Cura

Brunnen im Innenhof Kloster Cura

Aus 540 m Höhe genieße ich einen sagenhaften Blick. Einige Orte, das Tramuntana, Cabrera.

An diesem heiligen Ort wird die 42 cm grosse Steinfigur der Jungfrau von Cura (wohl aus dem frühen 16. Jh.) verwahrt. Wie üblich an den Franziskanerklostern eine Krippe am Eingang der Kapelle. Im Klostergarten die Statue des heiligen Franziskus.

Denkmal Ramon Llull im Garten im Kloster Cura

Die Klosteranlage ist so groß, dass es viele Plätze zum Verweilen und Wohlfühlen gibt. Viel zu entdecken.
Ein großes Restaurant, tagsüber und abends geöffnet.
Ich kehre dort abends ein und genehmige mir ein Pilgermenü. Fisch und Wein. Gegen 22 Uhr schlafe ich.

Vom Sonnenuntergang beleuchtet

Ausgebautes Klosterhostal Cura

8. Tag

Donnerstag, 26.10.2017

Ziel: Kirchen Algaida, Sencelles, Sineu, Costitx, Mancor de la Vall, Selva

Ziel: Inca

Ziel: Kathedrale Palma

Mit etwas Wehmut, aber voller Vorfreude auf die letzen Etappen meiner Pilgerung geht es heute früh um 9 Uhr los. Die kleinen Orte morgens alle noch sehr ruhig und schnell zu erreichen. *Algaida* hat eine mächtige, gotische Pfarrkirche aus dem Jahr 1404 mit festungsartigem Charakter. Fahre über *Sencelles* nach *Sineu*. Hier ist der Mittelpunkt des Dorfes die *Pfarrkirche Nuestra Senyora de los Angeles*, 1248 erstmals erwähnt. Sehr reich an Kirchenschätzen.
Sie hat einen freistehenden Glockenturm.
An der Freitreppe wacht ein großer, bronzener Löwe.
Sämtliche kleine Dörfer strahlen eine besondere Ruhe aus.

Über die MA 3240 nach *Inca* nehme ich den Abstecher auf der MA 3440, die Anfahrt auf den *Klosterberg Puig de Santa Magdalena*, 304 m. Von hier oben eine herrliche Weitsicht auf die Serra de Tramuntana. In *Inca* mache ich Halt an der *Pfarrkirche Santa Maria laMajor*, aus dem Jahr 1248, ehemals dem *Templerorden* zugehörig.
Auffallend ist der mallorquinische Sandsteinbau im

Barockstil. Von *Inca* fahr ich auf der MA 2110 und 2113 nach *Mancor de la Vall*. Hier ist die alte *Pfarrkirche Sant Baptista de Mancor* mit dem echt altertümlichen Marktplatz sehenswert. Ebenso die Kapelle des *Klosters Santa Lucia* auf dem Berghügel. 1275 bereits erwähnt. Sehr gepflegtes Gebäude mit großem Innenhof. 4 Geschossig. Herrliche Aussicht in den Norden Mallorcas und auf den kleinen Ort. Nun geht es über die Autobahn nach *Palma*. Fahre den Vitara in das unterhalb der Kathedrale liegende Parkhaus. Gleich beim Herausgehen der wundervolle Blick auf den Teichgraben vor der Kathedrale, die Wasserfontäne. Und natürlich die *Kathedrale La Seu*. Der bedeutenste Sakralbau der Balearen.

Kathedrale La Seu in Palma mit Bischoffssitz

Der Grundstein wurde 1229 von König Jaume I. gelegt. Zuerst mit der *Capella Real*, die Königskapelle des Chores. Die Kathedrale kann durchaus mithalten mit den Großen gotischen ihrer Art in Europa. Prächtig auch das Seitenportal *Puerta del Mirador* (1380) und die Hauptfassade mit dem *Portal Puerta de la Almudaina* (1594). Die Besichtigung ist eindrucksvoll. Der Weg führt durch die Sakristei und weitere Kapitelsäle. Es geht durch einen *alten Kreuzgang* aus dem 17. Jh. Enorm ist die Wirkung auf den Betrachter durch den dreischiffigen Kirchenraum mit insgesamt *18 Kapellen* mit überwiegend barocker Ausstattung. Die *Fensterrose* über dem Triumpfbogen der Kapelle Real aus dem 14. Jh. misst fast 13 m Durchmesser. Gigantisch die Höhe der Kathedrale mit 44 m und Länge mit 121 m Breite von 39 m, getragen von fast schlanken, 22 m hohen Bündelpfeilern. Die *Capella Real* beherbergt den *Hochaltar* (1269). Der Bischofsthron ist von 1261. Sehenswert die *Kapelle der Dreifaltigkeit- Capilla Trinitad* und die *Capella de Corpus Christi* mit dem monumentalen Altaraufsatz mit Abendmahlrelief (1607). Erst 2007 wurde die Umgestaltung *der Capilla Sant Pere* abgeschlossen. Das Westportal ist geschlossen. Der Zugang in einer langen Menschenkette durch das Seitenportal. Viele Passanten halten sich schon in der Kathedrale auf. Ich verweile gut 30 Minuten und lasse die enorme ausgehende Kraft der Kathedrale auf mich wirken. Vor Verlassen des Gotteshauses mache ich mein Gebet und lausche dem Klang des tief klingenden Orgelspiels.

Portal der Kathedrale La Seu

Westfront –Portal der Kathedrale La Seu

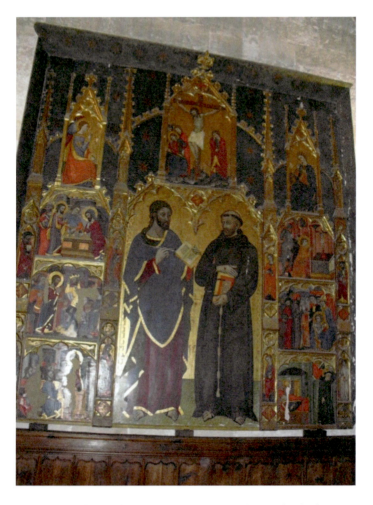

Eine von vielen Sehenswürdigkeiten in der Kathedrale

Die größte von 9 Glocken in der Kathedrale, N Aloi, 4600 Kg schwer, mit einem Durchmesser von 2 m eine der Größten in Spanien.

Orgel in der Kathedrale

Aus dem 18. Jh. Zuletzt restauriert 1993. Die Kathedrale verfügt über 9 Glocken aus 5 Jahrhunderten.

Hauptaltar

Presbyterium – die Königskapelle gestaltet von Antonio Gaudi 1904-1914. Größe 34x16 m.

Innenschiff Kathedrale La Seu

Ich nehme mir noch Zeit für die weiteren wichtigen Kirchen. Im 13. Jh. entstand *Santa Eulalia*, am gleichnamigen Platz, sehenswert wegen des prächtigen gotischen Doppelportals. Wenige Minuten weiter trifft man auf das Rathaus.
Ein Stück weiter steht *die Pfarrkirche Sant Miquel* am *Placa de Mare de Deu de la Salut*. In der Kapelle befindet sich die Madonna aus dem Jahr 1229. *Sant Miquel* ist eine der beliebtesten Kirchen Mallorcas. Unweit davon erreiche ich die gotische Kirche *Santa Margarita*. Ein lohnender Blick und zum Verweilen einladend ist die *Kirche Esglesia de la Sang* (1458) mit schlichtem Spitzbogenportal. Nach der barocken Kirche *Santa Magdalena* mit von Marmorsäulen getragener Kapelle geht es zur gotischen *Kirche Sant Jaume.*

Kathedrale La Seu

Kathedrale La Seu

In gut 10 Minuten bin ich wieder in der Tiefgarage bei meinem Vitara. Innerlich tief bewegt fahre ich über den *Paseo Maritimo* in Palma vorbei am Denkmal *Ramon Llull* weiter auf die Autobahn Richtung Andratx und verlass diese mit der Abfahrt bei Paguera, MA 1012 nach *Es Capdella*. In gut 30 Minuten bin ich über die MA 1032 im hohen *Bergdorf Galilea* auf 491 m Höhe. In einer abenteuerlichen Anfahrt auf einer langen schmalen Serpentinenstraße. Die erst 1806 gebaute Kirche mit Glockenturm hat einen Altar, der der Jungfrau Maria geweiht ist. Darüberhinaus Seitenkapellen mit hölzernem Altar. Farbenträchtige Rosette auf der Rückseite der Kirche. Zurück nach *Es Capdella* fahre ich dann über die MA 1031 Bergserpentinenstraße, vorbei an der *Bodega Santa Catarina,* wo ich einen kleinen Stopp mache und den dort angebauten Rotwein trinke. Meine Pilgerung endet am Nachmittag wieder an der *Pfarrkirche* <u>Santa Maria</u> in Andratx.

Setze mich auf eine Bank gegenüber der Kirche.
Freue mich, alles erreicht zu haben, was ich wollte.

Denkmal an der Pfarrkirche in Andratx
Abschließend möchte ich dafür danken, dass ich diesen Weg so gut und unbeschwert erleben konnte.

Eine herrliche Zeit: Mein URLAUB BEI JESUS!

Meine Herbergen

Nachstehend eine Übersicht mit Daten meiner Herbergs-Übernachtungen.

1. Nacht
Sa fita backpackers Youth Hostal

07190 Esporles   Joan Riutort 49
Tel: 9716195 91   Handy: 619428436
www.safitabackpackers.com

Mehrere Mehrbettzimmer, Küche u. Garten zum Benutzen.

2. Nacht
Refugi de Can Boi

07179 Deia   Carrer des Clot 5
Tel: 971636186
www.refugicanboi.com
www.conselldemallorca.net

Saniertes Gebäude. Im Inneren befindet sich eine ehemalige Ölmühle, deren sämtliche Bestandteile restauriert wurden.

32 Schlafplätze

3. Nacht
Refugi de Muleta
07100 Soller
Cami del Far
Tel: 971634271
www.conselldemallorca.net

Wanderherberge auf dem Cap Gros.

30 Schlafplätze

4. Nacht
Refugi Son Amer

07315 Escorca

-Lluc

Tel: 971517109

www.conselldemallorca.net

Ehemaliges Erbgut aus dem 13. Jh. mit Wassermühle, restaurierter Wallfahrtskapelle. Liegt ganz in der Nähe des Sanktuariums Lluc.

52 Schlafplätze

5. Nacht
Refugi Pont Roma

07460 Pollenca
Cami Can Guillo
Tel: 971590731   Handy: 674676222

www.refugidepontroma.com

Ehemaliges Schlachthaus aus dem Jahre 1908.
Komplett modernisiert. In der Nähe des Torrent de Sant Jordi und der Römerbrücke Pont Roma.
38 Schlafplätze

6. Nacht
Sant Salvador Petit Hotel Hostatger
07200 Felanitx,
Carretera Felanitx Pto. Colom
Tel: 971515260
www.santsalvadorhotel.com

Zimmerausstattung komplett renoviert, Gewölbedecken, angenehme Farbausstattung, atemberaubender Meerblick. Angeschlossenes Café und Restaurant.

7. Nacht
Santuari de Cura
07629 Randa
Puig de Randa
Tel: 971120260
www.santuaridecura.com

Cura ist ein Marienkloster, seit 1913 verantwortlich die Franziskaner-Orden der Buße. Das Restaurant/ Café untergebracht in ehemaliger Bibliothek und Speisesaal

Empfehlungen Kloster-Unterkünfte

Alaro

– **Klosterhotel L Hermitage Hotel & Spa**
07349 Orient , Carratera de Alaro
Tel: 971180303
www.hermitage-hotel.com

Lluc

Santuari de Lluc
Placa Pelegrins 1   07315 Escorsa
Tel: 971871525
www.lluc.net

Palma

Hotel Convent de la Missio, Designhotel
im 17. Jh. erbaut, diente als Klosterschule, heute Oase der **Exclusivität, Spa/wellness, Sternekoch-Küche**

07003 Palma, Carrer de la Missio 7ª

www.conventdelamissio.com

Hotel San Lorenzo
restauriertes Stadtpalais aus dem 17. Jh.

C/San Lorenzo 14   07012 Palma
www.hotelsanlorenzo.com

Alcudia

Petit Hotel Hostatgeria La Victoria
bei Ermita de la Victoria - Carrer Cap del Pinar
07400 Alcudia
www.lavictoriahotel.com

Porreres

Santuari de Monti –Sion Hotel u. Restaurant
Anmeldung**:** Tel: 971647185

Petra

Ermita de Bonany
einfache Gästezimmer, Anmeldung Tel: 971826568
Spende willkommen

Pollenca

Santuario del Puig Maria
Möglichkeit zu übernachten, kleine Klosterzellen, wenig komfortabel
07460 Pollenca   - Anmeldung- Tel: 971184132

Randa

Ermita de Sant Honorat
Nur Möglichkeit für Gruppen, 2 Seminar-Räume und ca. 22 Schlafgelegenheiten – Voranmeldung Tel: 971664316

Empfehlung Wanderer-Unterkünfte

Es gibt 20 Refugis / Wander- Berghütten auf Mallorca.
Alle Infos, Lageplan und buchen hier:
Inselrat von Mallorca
www.conselldemallorca.net

Balearenregierung
www.caib.es

Alaro

Castell de Alaro
Tel: 971940503
http://www.castellalaro.cat/en/guesthouse/

Andratx

Ses Fontanelles Refugio (Privat) für Fernwanderer
07150 Andratx ,
Kilometer 103,9 MA10
Tel: 971940941
www.ses-fontanelles.es

Esporles

Refugi de Son Trias
Tel: 656232363

www.refugisontrias.com

Alternativ Kloster- Route

Nachstehend gebe ich Ihnen ein Beispiel für eine 4 /5 Tage Alternative. Zum Beispiel als Fluggast. Idealerweise früh am Flughafen Palma eintreffen. 3 Kloster-Übernachtungen.

1. Tag   Mit Leihwagen von Palma auf Autobahn über Llucmajor und Richtung Algaida zum Klosterberg Randa. Fahrzeug im Dorf Randa abstellen und Pilgerweg zu den 3 Klosteranlagen.
Ziel: *3 Klosteranlagen (Unterkunft Kloster Cura)*

2. Tag   Über Algaida und Montiuri nach Porreres
Ziel: *Santuari Monti de Sion*
Weiterfahrt über Petra.
Ziel: *Ermita de Bonany*
Weiterfahrt nach Felanitx
Ziel: *Kloster Sant Salvador (Unterkunft im Kloster)*

3. Tag   Weiterfahrt über Monacor nach Arta
Ziel: Pfarrkirche und Weg zum *Kirchenberg San Salvador*
*Weiterfahrt m*it dem Fahrzeug Anfahrt zur Ermita
Ziel: *Ermita de Betlem*
Weiterfahrt über Can Picafort nach Alcudia
Ziel: Pfarrkirche in Alcudia und *Ermita de Victoria*
Weiterfahrt nach Pollenca.
Ziel: *Pfarrkirchen, Kavalienberg und* **Pilgerweg P***uig de Maria zum Kloster*
Weiterfahrt nach Lluc zum Kloster.
Ziel: *Kloster Lluc (Unterkunft im Kloster)*

4. Tag
Weiterfahrt nach Soller
Ziel: *Pfarrkirche Sant Bartolomeu*
Weiterfahrt nach Valldemossa
Ziel: *Pfarrkirche und –Kartause*
Weiterfahrt nach Palma. Fahrzeug parken in der Tiefgarage.
Ziel: *Kathedrale La Seu, Klosteranlagen und Kirchen*

5. Tag
Es empfiehlt sich eine weitere Übernachtung in Palma, wo dann am Tage die ganzen Sehenswürdigkeiten zur Besichtigung anstehen. Rückflug dann am Nachmittag oder Abend.

TIPP für 2-Tages-Tour:
Route Palma - Lluc – Pollenca – Palma

1.Tag:
Anfahrt von zB. Palma nach Pollenca (Stützpunkt des Autos**).**
Linien-Bus 354 Pollenca (35 min)- nach *Kloster Lluc*
Ziel: *Kloster Lluc*
Ziel: Pilgerweg *GR 221 La Routa de Pedra en Sec*
von Kloster Lluc zurück nach Pollenca (ca. 17 Km- 5 Std)
Ziel: Übernachtung in *Pollenca*

2. Tag:
Ziel: Pilgerweg *Puig de Maria zum Kloster (ca 5 Km- 2,5 Std)*
Ziel: *Kavalienberg*
Ziel: *Pfarrkirche Santa Maria del Angels*
Rückfahrt z.B. nach Palma

Und nun?

Am 1.-7. Tag hat Gott die Erde, die Natur, den Menschen erschaffen.
Und am 8. Tag?
Den Zweifel?
Es ist für mich und auch für Sie, lieber Leser, so, wie wir denken.
Unser Leben ist das Ergebnis unseres Denkens und somit unserer Entscheidungen.
Ich habe mich für 8 Tage URLAUB BEI JESUS entschieden. Bin im christlichen Teil Mallorcas gepilgert.
Aber macht es nicht Sinn ständig Urlaub bei Jesus zu machen? Wie das gehen soll?
Tragen Sie den Glauben in Ihrem Herzen.
Einige werden einwenden- aber der Glaube ist so groß, der passt doch gar nicht mehr ins Herz.
Ich denke, Ihr Herz ist so groß wie Ihr Glaube.

Aber immer Urlaub?
Es bedarf nicht der Kirchenbank.
Eine ganz normale Bank im Wald oder ein Platz irgendwo im Haus oder sonst wo draußen.
Gott kostet nichts.
Gott ist steuerfrei zu haben.
Wer an Gott glaubt ist nie allein.
Jesus ist sein Bote. Ein Bote bringt Botschaften.
Es sind die Botschaften, die verinnerlicht unser Leben bereichern.

Ich wünsche allen Lesern eine gute Zeit und stets gute Wege. Vielleicht sehen wir uns irgendwo auf diesem Planeten.

Betrachten Sie dieses Buch als EINLADUNG, das andere Mallorca zu entdecken.

Ihr Autor
Im November 2017

Quellennachweis

Recherchen

bei Wikipedia   www.wikipedia.org

bei Consell de Mallorca www.conselldemallorca.net

Rother Wanderführer Mallorca ISBN: 9783763341221

ADAC Reiseführer Mallorca ISBN: 9783899052701

bei www.catedralmallorca.org

bei www.mallorcatipps.com

bei www.rutasramonllull.de

Landkarten

S. 1o   Weltkarte- Foto: dreamstime_xs_43575667
S. 14-17 Reliefvorlage: Institucio Geographico National
S. 19   Foto: maxfood nl.-mallorca-magaluf.html
S. 22   Vorlage: Ferran Sintes

Haftungsauschluss

Alle Inhalte und Angaben dieses Buches wurden sorgfältig vom Autor geprüft. Dennoch kann eine Gewährleistung auf Richtigkeit nicht übernommen werden.
Eine Haftung ist ausgeschlossen.

JAKOBSWEG - Pilgerung von MALLORCA

Eine Empfehlung für Jakobsweg-Begeisterte:

Start zum *Camino Frances* nach Santiago de Compostela in *Randa, Kloster Sant Honorat.*
Hier gibt es bei den Ordensbrüdern den Pilgerausweis für die öffentlichen Übernachtungsherbergen auf dem Camino Santiago und auch den 1. Stempel.
Der Weg der Pilgerung führt dann nach Palma.
Zum Flughafen für Flug nach Pamplona (direkt am Jakobsweg, noch 700 Km) oder als ALTERNATIVE zum Hafen.
Mit der Fähre nach Barcelona und dann weiter mit dem Bus oder zu Fuß. (Alternative: mit Flugzeug nach Bilbao.
Und dann mit Bus nach Burgos, dann noch ca. 550 Kilometer) zur _Kathedrale Santiago de Compostela_

Buchempfehlung

BEGEGNUNG!
Mein Pilgerweg nach Santiago de Compostela
Autor Werner R. C. Heinecke nimmt Sie mit auf seinen CAMINO SANTIAGO- dem spanischen Jakobsweg, auf dem er im Jahr 2012 im Mai/Juni 30 Tage pilgerte.
30 Etappen - 30 Erkenntnisse.

Ein Buch mit 210 Seiten und vielen Farbseiten mit Fotos

BOD Verlag - ISBN: 978-3-8448-9676-3

Dieses Buch gehört

....